AVENTURES

D'UN

JEUNE OFFICIER

En Afrique.

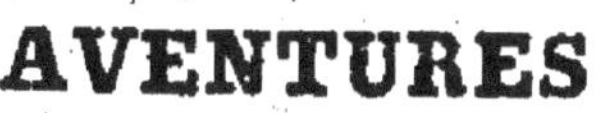

Par Ad. PÉCATIER.

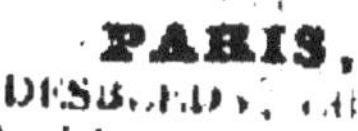

PARIS,
Ve DESBLEDS, Libraire,
Quai des Augustins, 41.

1851

AVENTURES

D'UN

JEUNE OFFICIER

En Afrique,

Par Ad. PÉCATIER.

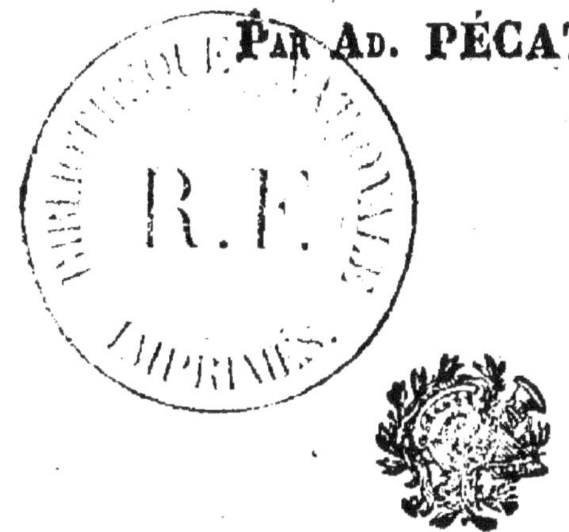

MADAME VEUVE DESBLEDS, LIBRAIRE,
QUAI DES AUGUSTINS, 49.

1847.

VALEUR ET RÉCOMPENSE.

AIR : *T'en souviens-tu?*

Près de quitter une famille en larmes,
Pour obéir à la voix de l'honneur,
Victor, qui doit demain prendre les armes,
Se fait bénir, et puis part de grand cœur.
Bientôt la gloire, aux champs de l'Algérie,
D'une épaulette honore ses succès ;
Et désormais, il peut à la patrie
Offrir l'appui d'un officier français.

Un jour, gardant un poste à l'avancée,
A son oreille arrive un cri de mort :
Victor soudain, prompt comme la pensée,
Vers le danger s'élance avec transport.
Jeune beauté, timide enfant de France,
Allait périr sous d'infâmes forfaits.....
Victor paraît, son sabre se balance...
L'Arabe cède à l'officier français.

Les ravisseurs ont mordu la poussière ;
Un seul échappe à son juste trépas :
Victor, rendant une fille à son père,
Vers leur demeure accompagne leurs pas ;
Mais où l'égare une ardeur magnanime !
Son poste est loin... quelques moments après,
La ronde arrive, et soudain incrimine
Le dévouement de l'officier français.

1

Victor, sa tâche une fois terminée,
Le cœur joyeux, arrive vers les siens ;
Mais sa bravoure, hélas ! est condamnée.
Sur lui bientôt pèsent de durs liens.
L'arrêt de mort, dicté par la justice,
Vers le pardon lui ferme tout accès.
Victor demain doit marcher au supplice,
Gloire, une larme à l'officier français.

L'heure a sonné ; Victor avec courage
Sort du cachot suivi d'un frère en pleurs :
Un doux sourire anime son visage,
Ses vieux parents, seuls causent ses douleurs·
Les yeux bandés notre héros s'apprête
A dire à tous un adieu pour jamais,
Lorsqu'un cri vient : Grâce ! grâce ! On s'arrête...
Oh ! tu vivras, brave officier français.

Qui l'a sauvé? Celle qu'il a sauvée.
Elle s'avance en pleurant de bonheur,
La fleur des preux par elle est conservée,
Un tendre hymen va combler leur ardeur.
Jeunes époux, signez le mariage,
L'armée entière en fera les apprêts ;
Car elle veut honorer le courage
Qu'a fait briller son officier français.

AVENTURES

D'UN

JEUNE OFFICIER

EN AFRIQUE.

Depuis l'époque où la valeur française a triomphé d'Alger, un détachement de notre armée reste toujours en possession du terrain conquis, et poursuit le cours de ses succès dans un pays qu'il subjugue de jour en jour. Déjà notre jeune milice s'y est distinguée par mille traits de courage ; et malgré les difficultés du climat et des localités, elle prouve sans cesse que rien ne peut l'arrêter lorsqu'il s'agit de prendre les armes dans l'intérêt et pour la gloire de la patrie. Nos bulletins, depuis plusieurs années, offrent de magnifiques tableaux qui font le plus grand honneur à notre histoire, aussi nous n'insisterons pas sur des faits opérés par la masse, et où chaque soldat trouve sa part d'éloges: chacun de nous les connaît. Nous nous bornerons seulement, pour piquer l'attention du lecteur, à tracer sous ses yeux une action isolée, où brille la valeur et l'excès du patriotisme.

Victor, jeune parisien, se livrait avec aptitude à sa modeste profession de serrurier, muni d'un congé et des plus honorables certificats en qualité d'engagé volontaire, lorsque l'extrême misère de ses parents lui inspira une idée généreuse, qu'il eût le courage d'accomplir. On l'avait vu payer sa dette à la patrie avant l'âge où elle met à contribution le courage de ses enfants. Il s'était enrôlé sous ses drapeaux à la voix de l'honneur il prit de nouveau l'uniforme à la voix de la nature. Ses parents arrivés dans un âge avancé, vivaient, comme nous l'avons dit, dans une gêne digne d'inspirer la plus profonde compassion. Victor, qui se serait contenté de l'heureuse médiocrité où il se trouvait, ne put pas voir souffrir plus longtemps les auteurs de ses jours, et ce qu'il aurait rougi de faire par un vil intérêt, il le fit de bon cœur pour accomplir le devoir d'un bon fils. Il prit les armes comme remplaçant, et après avoir remis entre les mains de ses vieux parents le prix de ce pénible sacrifice, et avoir reçu une seconde fois leur bénédiction, il s'éloigna du pays qui l'avait vu naître. Le régiment dont il faisait partie ne tarda pas à s'embarquer pour l'Algérie, et après une traversée favorable, Victor se trouva dans un pays où il ne tarda pas à se signaler par des actions qui constituent un bon et brave militaire. Il se fit aisément remarquer. Sa douceur envers ses camarades, son respect et son obéissance envers ses chefs, son zélé à suivre tout ce qu'imposaient les règlements militaires lui attira bientôt l'admiration générale. Dans les plus petites rencontres avec l'ennemi, on voyait briller son audace et son sang froid, et dans chaque manœuvre son lieutenant admirait la justesse de ses réflexions, et des avis qu'il se permettait parfois de donner sans prétention et sans orgueil. Dans peu de temps il fut nommé caporal, et de ce grade il passa rapidement à celui de sergent. Ce rapide avancement ne fit que doubler sa louable ambition, et lui fit comprendre qu'en persévérant dans la même voie, il pouvait faire honneur à son pays et aux auteurs de ses jours ; alors il prit un goût déterminé pour les armes, et s'y adonna avec une ardeur incroyable.

Depuis longtemps il fixait sur lui l'attention de ses chefs, lorsqu'un certain jour il trouva l'occasion favorable de se signaler à leurs yeux plus que jamais. Un léger combat venait de s'engager entre les Français et les Arabes, et l'opiniâtreté de ces derniers rendait la lutte longue, et peut-être difficile ; car nous nous trouvions en trèspetit nombre. Le capitaine français qui commandait cette expédition, fatigué d'une résistance qui blessait son amour-propre, prit un généreux élan, et se précipita sans hésiter au milieu de la mêlée. Les Arabes le voyant s'avancer vers eux, comptent déjà sur une proie qu'ils croyent saisir facilement , et se précipitent sur lui avec autant de confiance que de rage: c'en était fait du vaillant et trop fougueux capitaine ; déjà l'ennemi se disposait à le cerner de tous côtés, et à lui ravir ainsi tout moyen de défense, lorsque Victor , n'obéissant qu'à sa généreuse impulsion , se précipite vers le danger, et entraîne par son noble exemple tous ses jeunes compagnons. La lutte devient sanglante; le courage est partout égal ; enfin notre audacieux capitaine n'est plus seul au milieu des ennemis : il a pourtant reçu plusieurs blessures ; Victor qui voit son sang couler, se met comme en fureur; excite ses compagnons de la voix et du geste à venger leur chef, et bientôt un horrible carnage commence. Victor se multiplie, fait des prodiges de valeur, renverse tout ce qui s'oppose à son passage , sème la mort à chaque coup qu'il donne, et par sa valeur, provoque même l'admiration de ceux qu'il détruit ou met en fuite. Enfin le combat cesse : forcés de céder à nos troupes, les Arabes exécutent une honteuse retraite après avoir laissé sur le champ de bataille les marques les moins équivoques d'une sanglante défaite. Victor bondit de joie en voyant son capitaine peut-être sauvé par son courage ; mais n'allons pas croire que sa jeune audace se contente des terribles coups qu'elle a portés, elle veut un trophée plus visible : que fait-il ? Ses yeux se fixent sur un jeune Arabe dont la résistance lui semble opiniâtre, il l'attaque de face, lutte un instant avec lui, et le fait bientôt son prisonnier en le saisissant au cou, de sa vigoureuse main. Son adversaire le suit en frémissant, et, le combat fini, Victor revient à son rang avec ce témoignage vivant de sa bravoure.

Mais tel est le résultat de la guerre, que le vainqueur même laisse toujours des regrets sur le terrain où il se couvre de gloire et de succès. Les Français, tout en se réjouissant, de leur petit triomphe, eurent à déplorer la perte d'un jeune sous-lieutenant qui, mal servi par sa bouillante audace, trouva la mort où il allait cueillir un laurier. Il fallut chercher dans nos rangs un soldat digne de le remlpacer. Le choix ne fut ni long ni douteux, et l'approbation générale se dirigea sur Victor, dont chacun venait d'admirer le sang-froid et la bravoure , et à qui l'armée devait le salut d'un vieux et brave capitaine..

Victor fut investi du grade de sous-lieutenant, au milieu des applaudissements les plus vifs et les plus unanimes, personne ne fut jaloux de cette noble récompense. Il la méritait mieux que tout autre , chacun en était convaincu : s'il est honteux et flétrissant d'obtenir un salaire pour de lâches services, il est beau d'un autre côté d'être l'objet d'une admiration générale, et de porter une épaulette avec l'heureuse certitude que partout on la saluera de bon cœur. Victor reçut en outre le ruban qu'on décerne aux braves, et cette double récompense mit enfin le comble à son enthousiasme. Sa conduite n'en fut désormais que plus éclatante, et chaque jour il cherchait à se signaler par quelque exploit ou par quelque noble action, pour prouver à ceux qui en étaient témoins que chez lui le courage n'était point l'effet d'un généreux caprice, ou d'un élan commandé par la circonstance, mais plutôt un sentiment raisonné, et une propension naturelle vers la gloire et vers tout ce qui en découle. Comblé de tant de faveurs, il n'imita pas ceux qui ne sont sensibles qu'à leur propre bonheur : il songea à ses vieux parents, et résolut de faire des économies qu'il leur enverrait chaque mois avec la plus scrupuleuse exactitude.

Illustré par beaucoup de traits de courage, couvert d'un grade qui commande la confiance, aucun mauvais soupçon ne peut planer sur sa tête. On le croira sans doute toujours brave, toujours Français, en un mot, toujours disposé à servir la gloire et les intérêts de sa patrie ; erreur grossière...... Une fatale circonstance où son courage va briller dans tout son éclat, va le rendre suspect aux yeux de ses chefs, et par une flétrissante condamnation, le rangera pour un moment au niveau de ceux que le pays renie en les accusant hautement de lâcheté et de trahison.

Un jour qu'il commandait un poste composé de vingt hommes, dans un lieu un peu isolé, son jeune frère, enrôlé dans le même corps, était ce jour là sous ses ordres en qualité de sergent. Soudain, au milieu d'une sécurité parfaite, un bruit étrange se fait entendre, et bientôt des cris plaintifs accentués en langue française, arrivent jusqu'à son oreille. Ses yeux se dirigent aussitôt vers le lieu d'où part ce bruit, et il reconnaît, à ne pas en douter, cinq Arabes fondant comme des tigres affamés sur une jeune française qui par hasard était tombée dans leurs cruelles mains.

Que va faire notre jeune officier? Un sentiment d'honneur le retient à son poste, qu'il ne doit quitter sous aucun prétexte, et ce même sentiment se mêlant à une pensée humanitaire, lui dit que toute loi de réglement militaire s'efface devant la louable inspiration qu'on éprouve de protéger une faible victime, lorsque surtout on reconnaît, on aime son accent. Agité, incertain, il va peut-être sacrifier à un rigide devoir la douce, la noble envie de faire le bien ; mais les cris redoublent, et ces cris deviennent de plus en plus déchirants; alors la garde d'un poste ne peut plus le retenir, il le confie à son frère, et vole sans hésiter vers le lieu du danger. Rapide, prompt comme l'éclair, il fend l'espace, armé de sa terrible épée et de deux pistolets bien chargés. Les Arabes aperçoivent Victor se précipiter vers eux, mais loin de se déconcerter, ils pensent que c'est une victime de plus qui s'avance. L'officier français arrive enfin sur ce sanglant théâtre, et là une jeune fille française implore son appui par les gestes les plus éloquents; car les efforts qu'elle fait depuis longtemps pour se défendre ont brisé sa voix et paralysé ses faibles forces. Quatre Arabes forcenés, au mépris de la pudeur et de la nature, et sourds à tout sentiment d'humanité, cherchaient à entraîner au loin cette proie innocente, pour assouvir leurs infâmes désirs, tandis qu'un cinquième, plus cruel encore, pressait fortement à la gorge son père désespéré, et le mutilait en tous sens. Victor alors devient aussi insensible, aussi barbare qu'eux. Né bouillant, impétueux, il improvise une attaque que personne n'oserait tenter; ménageant sa poudre, dont il peut avoir besoin dans un moment extrême, il n'a recours qu'à son épée tant de fois victorieuse, et d'après un calcul que son superbe sang-froid lui permet de faire, il croit répondre de la victoire, car son bras cherche toujours à faire des blessures mortelles. Tandis que les Arabes restent comme interdits de son audace, il se précipite comme la foudre sur celui qui s'acharne le plus à la pauvre victime, l'attaque par un mouvement régulier et certain, et lui plonge son épée dans le cœur. Son adversaire tombe en poussant un dernier cri de rage, et bientôt ses farouches yeux se ferment pour toujours à la lumière. Encouragé par un si beau succès, l'infatigable Victor cherche sans hésiter une autre victoire, et, ô bonheur ! son épée fumante encore du sang ennemi, perce bientôt de part en part le corps d'un autre Arabe. Son double triomphe l'a tout couvert de sang et de poussière, et au milieu d'une lutte aussi inégale, il a essuyé plusieurs coups de feu dont un l'a atteint légèrement à l'épaule droite. Cette blessure, loin de diminuer son courage, l'augmente le grandit : il ne lui reste plus que trois ennemis à combattre, alors faisant usage d'un pistolet dont son coup-d'œil certain a toujours maîtrisé la balle, il vise à la tête de l'un des assaillants qui bientôt mord la poussière pour ne plus se relever.

Courage ! Victor ! et bientôt ton triomphe sera complet. Il te reste encore deux ennemis à combattre : prouve-leur ce que peut la valeur française, lorsqu'elle est surtout guidée par un sentiment d'humanité.

Les deux Arabes, à l'aspect de leurs trois camarades étendus sur le sol et couverts de leur sang, frémissent de rage et s'animent de leurs cris sauvages et farouches pour venger au moins, sur l'officier français, la mort de leurs frères : ambition vaine, inutiles efforts. Le ciel ne doit pas couronner leur affreuse rage. Victor, s'armant d'un second pistolet, feint de fuir : les deux Arabes fondent sur lui, et croient alors leur faible triomphe certain. Victor, qui venait d'opérer cette manœuvre pour les vaincre avec plus de facilité, se retourne avec impétuosité au moment où ses adversaires, occupés à le poursuivre, étaient dans une posture inoffensive, et l'un d'eux atteint d'un coup mortel, baigne le sol de son indigne sang.

« A nous deux ! » dit alors Victor d'une voix mâle et fière, « à nous deux ! superbe champion qui me reste ! Voyons un peu : en ligne ! » L'Arabe, épouvanté, veut fuir à son tour. L'officier français ne lui en donne pas le temps : il l'attaque, lui porte plusieurs coups qui ne trouvent jamais de parade, et lassé lui-même de cette longue lutte si inégale, il abandonne sa dernière victime couverte de sang, et effrayée par la crainte d'un trépas certain. « Va, lâche ! je t'épargne ! lui dit Victor, tout indigne que tu es de mon pardon; car il me tarde de rejoindre la jeune fille que j'ai eu le bonheur de sauver. Si je ne finis pas tes coupables jours, je te laisse au moins criblé de honteuses blessures, et incapable, désormais, de combattre ! Du reste, mon orgueil est flatté en t'épargnant, tu pourras apprendre aux tiens ce qu'il en coûte lorsque à quelques pas d'un poste français on attaque lâchement une pauvre fille sans défense, une fille qui n'a pour bouclier que ses pleurs et ses prières : mais si ma pitié te pardonne, si mon épée rentre malgré elle dans le fourreau, hâte-toi de fuir, et débarrasse mes yeux de ton odieuse face ! »

Il finissait à peine ses mots, que l'Arabe

épouvanté, et craignant un nouveau combat,
fuyait déjà malgré ses blessures : la peur venait de ranimer ses forces affaiblies. En ar-
rivant sur le lieu où venait de briller son courage, Victor, apercevant les cadavres palpi-
tant encore de ses ennemis vaincus, éprouva
un nouveau sentiment de rage en se retraçant
leur lâche férocité ; mais bientôt il éloigna
ses regards d'un spectacle aussi hideux, pour
les porter sur les deux objets dont il était devenu le libérateur. Le père de la jeune fille,
revenu un peu de sa frayeur, se jeta aux pieds
du généreux officier, pour lui exprimer sa
vive reconnaissance; mais Victor, le relevant
avec bonté : « Y pensez-vous, lui dit-il, de
payer aussi cher une action si naturelle, et
dont tout Français est capable en pareille
circonstance. Quoi! vous à genoux ! pour me
féliciter de n'avoir fait que mon devoir! Ne
vois-je pas ma récompense dans le bonheur
que j'éprouve en trouvant mes efforts cou-
ronnés : au lieu de vous occuper de moi, re-
tournez auprès de votre fille, qui est encore

saisie d'une frayeur mortelle, et qui, regardez-la, est toute tremblante, comme si le même danger la menaçait. » En parlant ainsi, Victor s'approcha d'elle, et chercha à la rassurer, par les paroles les plus douces et les plus engageantes.

« Pourquoi donc, dit-il, mademoiselle, tressaillir encore d'effroi, quand vous êtes délivrée de vos infâmes ravisseurs? Que redoutez-vous encore? Vous êtes auprès de votre père qui vous est rendu, et de plus, auprès de celui qui a mis sa joie et son orgueil à préserver vos précieux jours. Oh! de grâce, pour que mon triomphe soit complet, pour que ma gloire soit parfaite, dissipez vos alarmes, rendez à votre front son calme habituel, et montrez devant moi cette tranquillité confiante que vous devez ressentir auprès d'un cœur prêt à recommencer pour vous ce qu'il sort d'entreprendre. »

Et pendant ce discours, Victor la pressait pudiquement de ses bras généreux, et cherchait pour toute récompense à rencontrer ses regards. Anna (c'était le nom de la jeune fille) se sentit entièrement rassurée; et à la vue de son libérateur, qu'elle reconnut enfin, elle éprouva un sentiment de reconnaissance joint à un autre sentiment confus qu'elle pouvait à peine démêler. Malgré sa timidité naturelle, elle s'exprima en ces termes :

« Je ne sais; monsieur, comment vous rendre toute la gratitude que nous vous devons, pour vous avoir inspiré un si beau courage. Vous avez sauvé non seulement mes jours, mais un bien plus précieux encore, l'honneur; vous m'avez empêchée de mourir de honte et de désespoir dans les bras de ces barbares que vous avez si promptement punis ! Aussi, quel que soit le sort qui m'est réservé, quel que soit le lieu que je dois habiter un jour, toujours, et partout, votre bienfaisante bravoure sera l'objet de mes vives réflexions, et après ceux qui m'ont donné le jour, vous méritez la première place dans mon cœur. »

Ces dernières paroles n'étaient que l'expression naïve de son honnête émotion : pourtant après qu'elle les eut prononcées, elle rougit comme d'embarras. Victor, presque hors de lui-même, du plaisir de se voir devant une fille d'une beauté éclatante, qui disait vouloir lui consacrer une vie entière de souvenirs, prit sa main, la plaça modestement sur son cœur, et la retirant ensuite doucement :

« C'est aujourd'hui, mademoiselle, la plus belle de mes victoires! et, à mon tour, je conserverai, tant que je vivrai, la précieuse mémoire de ce que j'ai sauvé. » Puis s'adressant au père, qui pleurait d'attendrissement et de joie : « Il ne serait peut-être pas prudent, dit-il, de rester plus longtemps sur ce théâtre de mort, où la fureur des Arabes peut nous poursuivre encore, et malgré tous nos efforts, nous accabler enfin sous le nombre. Retirons-nous; aussi bien, vous devez avoir besoin de prendre quelque repos. Si après m'avoir trop remercié de mon faible service, vous voulez mettre le comble à votre bonté, permettez-moi, jusqu'à votre habitation, de vous servir de guide dans ces routes où votre promenade vous a égarés ; car vous pourriez aujourd'hui y rencontrer de nouveaux dangers. Une fois que je vous verrai hors de toute atteinte, ma satisfaction sera complète, et, le cœur content, je retournerai à mon poste, où, vous le savez, ma présence doit être nécessaire.

Anna et son père acceptèrent l'offre de l'officier, qui prenant alors le bras de la jeune fille, était tout fier de guider ses pas encore chancelants d'un reste de frayeur. M. Bellanger (ainsi se nommait le père d'Anna) était un riche propriétaire de France, qui depuis quelques mois habitait l'Afrique. et cherchait l'occasion d'y fonder un vaste et magnifique établissement. Il fallait parcourir une lieue pour arriver à l'endroit où il résidait On mit deux heures à faire ce trajet ; car Victor, tout joyeux de guider sa compagne, oubliait involontairement son devoir, pour prolonger le bonheur qu'il éprouvait d'être avec elle ; enfin ils arrivèrent au but de leur marche. Une fois rendu dans son habitation M. Bellanger voulut de nouveau exprimer sa reconnaissance à Victor, qui cette fois la refusa vivement, en s'écriant : « Cela en vaut-il la peine. » Tout ce qu'il accepta ce fut un léger rafraîchissement dont il avait besoin. Il demanda ensuite un peu d'eau tiède pour se laver les mains tachées de sang dans la lutte qu'il venait de soutenir, et répara ensuite le désordre de son uniforme.

Mais que se passait-il au poste de Victor pendant son éloignement. Il venait par malheur d'être attaqué par une troupe d'Arabes. Ce n'était pas que son frère, brave soldat, ne pût le défendre vigoureusement, et avec avantage : mais, selon les règlements militaires, il fallait battre l'alarme, et malgré soi informer par ce signal un chef supérieur de l'absence de son frère. Comme frère il eût voulu garder le silence, et pour ainsi dire combattre sourdement l'ennemi. Comme soldat et homme d'honneur, il devait faire son devoir. Il le fit donc sans hésiter. Les assaillants furent mis en déroute au bout d'une demi-heure, et tout l'avantage resta du côté des Français.

Un commandant et quelques officiers que le bruit de la détonation avait attirés, s'aperçurent de l'absence du chef de poste, et demandèrent ce qui pouvait la motiver. Le frère de Victor ignorant complètement ce qui avait pu le faire disparaître, n'eut aucune réponse à faire, et fut plongé dans un embarras extrême; mais comprenant qu'hésiter trop longtemps à répondre d'une manière quelconque, ce serait non seulement rendre plus suspecte encore la disparition de son frère, mais attirer sur lui-même le soupçon de complicité, il dit d'une voix ferme : « L'officier du poste ne m'a instruit de rien, et j'ignore entièrement ce qui a pu le faire disparaître. » Tout le monde éprouva le plus grand étonnement de cette réponse, et ne sut que penser d'une conduite qui devait sembler d'autant plus singulière, que celui dont on réclamait la présence avait toujours été au régiment un modèle accompli de toutes les qualités qui constituent un soldat sans reproche. On fit mille conjectures qui toutes ne tendirent à donner aucun éclaircissement, et l'on attendit avec la plus vague incertitude, ou l'arrivée de Victore ou la réception de ses nouvelles.

Le commandant que de pressantes affaires réclamaient ailleurs, était sur le point de prendre congé du détachement, après avoir donné une consigne sévère au sergent, lorsqu'il aperçut à une certaine distance un homme revêtu de l'uniforme français. Comme cette personne s'approchait de plus en plus, il fut bientôt aisé de reconnaître le chef du poste : il s'avançait gravement, et avec un maintien qui ne laissait aucun doute sur la légitimité de sa démarche. Lorsqu'il fut près du commandant, il le salua lui et les autres officiers, ainsi que ses soldats, et attendit avec calme les questions de son chef, pour y répondre. Ce dernier ne se fit pas attendre : « Vous avez quitté votre poste, dit-il d'un ton brusque? — Oui, commandant. — En

aviez-vous le droit ou la permission ? —
J'ai cru que la gravité des circonstances pouvait, devait même m'y autoriser ; aussi
n'ai-je pas hésité un seul instant. — Vous
connaissez, reprit le commandant sur le
même ton, la rigidité du code militaire, et
la précision accablante pour vous de l'article
que vous avez violé ? — Je n'ignore rien de
cela ; mais ce que j'ignore encore moins,
c'est qu'il est un respect inviolable qu'on
doit aussi aux lois que nous impose l'humanité. Commandant, il est des cris auxquels
on ne doit pas rester sourd, et ces cris que
j'ai entendus, étaient ceux d'une fille française que de lâches Arabes arrachaient des
bras paternels pour en faire leur proie, et
assouvir sans doute sur elle leurs infâmes
désirs. Poussé par un élan auquel tout bon
cœur doit obéir, j'ai précipité mes pas vers
l'innocente qui se lamentait ; j'ai combattu
les ravisseurs ; j'ai eu le courage et le bonheur de les vaincre, et leur mort a délivré
la société de vils monstres, et notre armée

de quelques ennemis qui armaient constamment leurs fusils contre nos poitrines, Après
ce devoir rendu, je me suis rappelé que je
me devais à la garde de mon poste ; me voici
de retour ; qu'exigez-vous de moi ? » Le
commandant, qui avait prêté une oreille attentive à ce récit, se sentit vivement attendri,
mais toute pitié, toute admiration devait se
taire devant la loi. Aussi, d'un coup-d'œil il
fit comprendre à Victor ce qu'il avait à
faire. Celui-ci, fort de sa conscience, et
d'un autre côté regardant l'obéissance comme
la première qualité du soldat, prit son épée
et la remit entre les mains de son chef ; et
par l'abandon de son arme se constitua prisonnier. Un des officier qui formaient l'es-
corte fut chargé de commander le poste à sa
place ; quant à lui, accompagné de quatre
soldats, il prit avec une soumission rare le
chemin de la prison. Il est inutile de dire
que tous ses soldats pleurèrent son éloignement ; car ils le regardaient tous non comme
un supérieur, mais comme leur frère. Leur

honorable attendrissement puisait sa source dans la conviction qu'ils avaient de sa loyauté, de sa franchise, et de la véritable amitié dont il les avait toujours comblés, malgré la sévérité qu'il déployait dans l'exercice de son grade. Si le plus indifférent des soldats prit part à la peine générale, quelle n'aurait pas été la douleur de M. Bellanger et de sa fille, en apprenant la manière dont on venait de récompenser un si ferme courage, une action si désintéressée; mais, dans leur ignorance des lois militaires, ils croyaient n'avoir que devancé par leurs éloges les félicitations unanimes, et sur le point de partir vers un lieu de plaisance éloigné de leur habitation à peu près de quarante lieues, et où ils devaient rester trois mois, ils aspiraient déjà à leur retour pour revoir leur généreux libérateur, qu'ils avaient juré de n'oublier jamais.

L'arrivée de Victor à la prison militaire excita une rumeur générale : chacun se demandait avec étonnement quelle pouvait être la cause d'un événement si étrange, et regardait notre officier comme victime d'une erreur ou d'un injuste soupçon, tant il jouissait d'une excellente estime dans tous les esprits; mais la vérité ne tarda pas à se faire connaître, et l'on sut bientôt la véritable cause de son arrestation. Alors on trembla pour ses jours; car la loi était rigide, inexorable, et souvent de terribles exemples l'attestaient. Mais, d'un autre côté, on espérait beaucoup du louable motif qui avait causé cette espèce de désertion, et des honorables antécédents de Victor. Quant à lui, résigné dans sa prison, il attendait sans crainte un jugement que sa bonne conscience ne pouvait redouter; et s'il regrettait sa liberté, c'était seulement qu'en cet état il ne pouvait rendre service à son pays. Le trait suivant prouvera qu'il n'était conduit que par cette louable pensée. — Un jour, tandis que, livré à ses réflexions, il attendait avec impatience l'issue de son affaire, il entendit une vive fusillade; il prête l'oreille et comprend, à

ne pas en douter, qu'une attaque assez meur-
trière vient de s'engager entre les Français
et les Arabes ; puis, étendant ses regards vers
la plaine à travers les barreaux de sa prison,
il voit très distinctement notre étendard
flotter au milieu des tourbillons de poussière
et de fumée. Alors, son malheur lui paraît
insupportable, et sa captivité lui devint mille
fois plus cruelle : la fusillade se fait entendre
avec plus de continuité, le canon gronde,
de rapides évolutions s'exécutent : à cet
aspect, une espèce de fureur s'empare de lui :
« Quoi ! dit-il, Victor aux fers tandis qu'on
se bat sous ses yeux ! Victor aux fers lorsque
la patrie a peut-être besoin de son bras, et
que l'Arabe insolent insulte indignement à
son drapeau ! Quand tout se meut, tout
s'agite autour de moi, quand les armes se
croisent, que des sons belliqueux frappent les
airs, que chaque Français fait briller son
courage, je suis donc seul à languir sans gloire
dans un obscur cachot... Et personne ne
viendra rompre mes fers ! O rage ! ô désespoir !

2*

Honte à ceux qui me retiennent ainsi prisonnier, et qui paient ainsi par la plus noire ingratitude mes services passés. » Et dans le furieux transport qui l'animait, il faisait des bonds convulsifs, comme pour essayer de se dégager de sa retraite, et allait jusqu'à heurter sa tête contre les barreaux : le factionnaire qui s'en aperçut, avertit son chef, en l'informant de ce qui se passait. Le capitaine, qui avait pour Victor la plus ferme et la plus vive amitié, se transporta, sans retard, à la porte de sa prison, la fit ouvrir, et, d'un ton plein de douceur, lui demanda quelle était la cause d'un aussi violent transport ?

« Eh quoi ! capitaine, répond le prisonnier, pouvez-vous me faire une semblable question, quand le canon gronde à mon oreille, et que, pour la première fois, hélas ! je ne suis pas admis à partager les dangers de mes camarades ? Vous me demandez le motif de mon agitation, quand on se bat presque sous la fenêtre de ma prison, et que je n'y suis pas pour donner ma faible part de sang et de courage ! Oh ! capitaine ! ne m'interrogez plus ; car vous devez comprendre toute l'étendue de ma peine... — Victor, lui répondit son chef, calmez-vous un peu, et courbez vos nobles désirs sous le joug d'une nécessité cruelle : de pareils sentiments ne peuvent que doubler l'estime que j'ai pour vous ; mais, encore une fois, modérez l'impétuosité d'une ardeur que je connais en vous. Regardez moi : ne suis-je point calme ? Et pourtant, croyez-vous que mon cœur ne soit pas atteint du même feu qui brûle le vôtre ?.. Croyez-vous, vous, que le bruit du canon n'aiguillonne pas mon impatience, et que, blanchi sous les armes, je ne regrette pas aussi d'être éloigné d'un combat où j'aurais pu peut-être cueillir un laurier de plus ?.. Mais je me console : je suis à mon poste, j'y reste fidèle ! et faire son devoir, c'est toujours de la gloire. La loi vous condamne peut-être : ses arrêts sur ce point sont d'une rigueur extrême, mais ceux qu'elle choisira pour ses organes sauront peut-être la calmer en lui opposant vos bonnes intentions et votre conduite, qui a été constamment irréprochable. Courage, Victor, résignez-vous : de beaux jours doivent luire encore pour vous. »

Quand le capitaine eut prononcé ces mots, il fit à son prisonnier un geste où se peignaient les plus bienveillantes intentions, et ferma doucement la porte de sa prison. Victor se sentit consolé par ses sages et fraternels avis, et quand son agitation se fut calmée, il comprit, en réfléchissant, qu'il était injuste dans ses plaintes, et que si la légitimité du motif permettait à un officier d'abandonner le poste qu'on lui a confié, il en résulterait à chaque instant les plus graves et les plus funestes conséquences. Il avait raison ; et si la loi n'était point rigoureuse, si elle mollissait devant un crime de cette nature, sa faiblesse servirait de prétexte aux lâches qui n'ont pas le cœur de se battre, ou aux traîtres infâmes qui veulent changer de drapeau. De là plus de sûreté pour les chefs, snrtout en temps de guerre; plus de confiance dans leurs soldats.

Victor resta quelques semaines dans sa prison, sans qu'on l'instruisît du sort qui lui était réservé ni du jour où il devait paraître devant ses juges. Mais comme il était doué d'une justice dont il savait user, même envers lui-même, il puisait dans ses réflexions tout le courage nécessaire pour supporter son mal avec calme et résignation; soit dit en passant, il trouvait un puissant motif de distraction, et un doux allégement à ses peines, dans le souvenir de la jeune Française dont il était le libérateur. Il se rappelait toute l'effusion de sa reconnaissance; la beauté, la vivacité de ses yeux, qui lui avait dit tant de choses; son visage où se peignait la modestie et la candeur, et dont les traits adorables auraient charmé le cœur le plus froid et le plus insensible; alors sa captivité lui paraissait supportable, et ses ennuis perdaient leur activité.

Pendant que notre prisonnier attendait son

jugement avec impatience, Ferdinand, son frère, conduit par l'amitié la plus sincère, faisait chaque jour des démarches actives pour intéresser en sa faveur ceux qui devaient le juger; mais hélas! il n'obtenait que des réponses vagues ou décourageantes; tous ses chefs se retranchaient dans la lettre de la loi qui était inflexible, inexorable; qu'il était beau de le voir s'agiter des journées entières soit en racontant les nombreux exploits de son frère, soit en implorant son pardon de la manière la plus éloquente et la plus chaleureuse. Après avoir cherché à intéresser à sa peine presque tous ceux qui devaient faire partie du conseil de guerre, il voulut en dernier ressort essayer de toucher le cœur du président. Ce dernier, impitoyable lorsqu'il s'agissait d'une grave infraction au règlement lui dit d'un ton sévère : « Sergent, tout en admirant le zèle que vous déployez dans la défense de votre frère, je trouve excessivement grave la faute qu'il a commise. Comment! abandonner son poste en temps de guerre, surtout quand on en a la responsabilité; en cas de tragique événement ou de surprise, priver ses soldats de son ex-périence et de ses conseils; oui, je le ré-pète, c'est une faute excessivement grave, qu'il nous est défendu non-seulement d'ab-soudre, mais encore de punir faiblement. Il faut des exemples; les exemples seuls assu-rent l'ordre et la subordination. Vous me parlez de ses beaux services, de son courage; mais la croix qui brille sur sa poitrine n'est-elle point belle aussi; son épaulette n'a-t-elle point d'éclat? La patrie ne lui doit plus rien: elle lui a payé à sa valeur ce qu'il a fait pour elle. Je désire, croyez-le, que la rigueur de la loi ne lui soit pas appliquée; mais à vous dire vrai, il n'est digne à mes yeux d'au-cune indulgence. »

Ce discours inattendu avait comme fou-droyé le sensible Ferdinand. Il aurait voulu tenter de nouvelles prières: car rien ne lui aurait coûté pour sauver les jours de son frère; mais l'inflexibilité du président ne venaît que trop de lui apprendre que son cœur stoïque et militairement vertueux était fermé à tout sentiment d'indulgence. Alors, de la sensibilité il passa comme à la fureur. «Quoi! dit-il, il n'y a donc pas de pardon dans vos âmes, même pour les fautes innocentes, pour une infraction qui honore celui qui en est l'auteur; et voler au secours d'une enfant qui vous implore; lutter comme un tigre contre ses ravisseurs; avoir le bonheur de les vaincre et de la sauver, c'est donc un crime impardonnable à vos yeux. Mon frère a sauvé une fille française et son père en cheveux blancs; dans une noble attaque il a tué quatre Arabes seul avec son courage et l'idée de faire le bien, et pour cette action il mourra peut-être, il mourra sans doute. Eh bien! qu'il meure; sa gloire lui survivra, et j'en retirerai du moins le triste avantage de connaître combien peu l'on vous tient compte de verser votre sang pour la patrie.

— Calmez-vous, lui dit le président; vous direz toutes ces choses-là au conseil, si vous le jugez convenable; par devoir, je ne dois, surtout aujourd'hui, prendre rien en considération.

—Merci! dit Ferdinand avec un rire plein d'amertume; merci! je suivrai votre généreux conseil; et pour que ma soumission brille plus à vos yeux, je n'irai même pas si loin. Puisque je ne puis rien obtenir, je garderai un profond silence; j'attendrai avec résignation le jour du supplice de mon frère, et quand votre ingratitude aura fait couler son beau sang sur une terre qu'il a cent fois arrosée de celui de nos ennemis, je prendrai mon congé, je l'exigerai, car mon droit est réel ; et maudissant la gloire, dégoûté de mes armes, et le cœur sec pour tout ce qui pourrait intéresser la patrie, je jetterai au loin mon sabre qui a trop longtemps fatigué mon bras, et je reviendrai consoler mes vieux parents, s'ils peuvent survivre toutefois à la triste nouvelle que je leur apprendrai. »

Ces paroles prononcées avec une émotion très visible ne purent rien obtenir, et Ferdinand se retira le cœur navré, mau dissant le métier des armes, et blasphémant contre ceux qui devaient juger Victor.

Le sergent, à qui on ne refusait pas la permission de visiter son frère, s'achemina vers sa prison pour s'entretenir quelques intants avec lui. A sa figure altérée, à son maintien abattu, Victor devina qu'il était porteur d'une mauvaise nouvelle. Lorsqu'il eut appris delui que toutes ses démarches avaient été infructueuses, et qu'il désespérait presque de son salut, il le remercia dans les termes les plus tendres de sa courageuse amitié ; mais il lui fit comprendre que desormais il devait s'abstenir de toute espèce de prières. « C'est pour le coupable, lui dit-il, qu'on peut employer les supplications, même les larmes; mais l'innocence n'a pas besoin de défenseur : elle parle assez haut d'elle-même, et doit briller par son propre éclat sans emprunter un lustre étranger. Aussi souviens-toi que tu es mon frère ; que le même sang coule dans nos veines; que nos âmes sont nobles, et que ce se-

rait trop descendre que de demander à genoux un pardon quand on a toujours mar-
ché dans le sentier de l'honneur et de la pro-
bité. Victor a du courage, il le conservera
jusqu'à la fin. Fier de la pureté de ses intentions, il marchera, s'il le faut, à la mort, avec
le calme qui convient au brave, et crois-moi
bien, ceux qui auront prononcé ma mort seront plus à plaindre que moi, car la postérité
est juste : elle me jugera, et la sentence qui
aura moissonné ma vie ne fera qu'ajouterà
l'éclat qui, j'ose le dire, s'est déjà attaché à
mon nom. Allons, Ferdinand, modère ta peine; si je meurs, venge-toi de ma mort sur les
Arabes, et gagne à ton tour l'épaulette que je
porte. Cela n'est pas au-dessus de tes forces;
car tu es mon frère, un second moi-même; un
seul et même cœur bat sous nos deux poitrines. Quant à moi, qui mourrai sans reproches,
je n'aurai qu'un seul regret, c'est de ne pas
mourir les armes à la main.

Ferdinand ne pouvait retenir ses larmes; elles coulaient avec abondance tandis qu'il te-

nait son frère étroitement enlacé. Il fallut
pourtant se séparer. Victor livré à lui-même,
et fatigué de tout ce qu'il venait de voir et
d'entendre, se jeta sur son lit et bientôt il
s'endormit profondément. Son sommeil fut
aussi calme que son âme, et il dormit la nuit
entière. Ses yeux n'étaient pas encore ouverts
à la lumière lorsqu'il fut éveillé à l'aurore par
le gardien de la prison qui, d'un air triste et
amical, le pria de se lever et de le suivre pour
paraître devant ses juges.

Escorté de quelques soldats, qui pour la
première fois l'accompagnaient ailleurs que
devant l'ennemi, il entra dans la salle où se
tenait le conseil, s'avança lentement et avec
une fermeté modeste vers le lieu qu'on lui in-
diqua, et, sans provoquer les regards par une
attitude exagérée, il attendit avec un vrai
courage, c'est-à-dire avec une douce impas-
sibilité le sort qui lui était réservé. Les membres du conseil n'étaient pas encore tous réunis:
en les attendant, tous les yeux se fixaient
sur notre jeune officier, chez qui tout inspi-

rait le plus vif intérêt. Des traits remarqua-
bles, relevés par une expression de décence
qu'il serait impossible de dépeindre, un
maintien réservé, mais où perçait une mâle
indépendance, un doux sourire aussi naturel
qu'inaltérable, et qui, en toute occasion,
animait son visage, une propreté minutieuse
sur toute sa personne, voilà à peu près le
tableau de Victor. Enfin chacun étant arrivé
à son poste, on ouvrit la séance. Ce qu'il y
avait de remarquable à voir, c'est que la
confiance ne brillait sur aucun visage. Chacun se fixait avec anxiété et ne laissait que
trop bien apercevoir la rigidité des ordres
qu'on avait reçus. Victor seul ne remarqua
pas ce qui devait être si accablant pour lui.
Enfin, le président le pria de se lever et lui
adressa les questions d'usage. Il répondit
sans hésiter, sans passion et avec une franchise qui seule aurait dû désarmer la sévérité de ses juges. Vers la fin de son interro-
gatoire, le président lui parla en ces termes:
« En prêtant à vos paroles toute la confiance

qui peut-être leur est due, vous reste-t-il quelque moyen pour prouver la vérité de ce que vous venez d'avancer en votre faveur? Où sont ces personnes que vous avez sauvées, ou bien celle que vous avez épargnée? La déposition de l'une des trois ne diminuerait en rien votre crime, mais servirait au moins à prouver que vous n'avez point fait de mensonge.

—Monsieur, répondit Victor, en vous racontant le fait tel qu'il s'est passé, je n'ai pas prétendu vous inspirer une pitié que la loi vous défend peut-être d'avoir, et dont je ne serais vraiment pas flatté d'être l'objet; car le coupable seul cherche à inspirer ce sentiment à ses juges, et mon innocence ne connaît pas et rougirait d'employer un pareil moyen de justification! Mais ce qui a lieu de m'étonner, et ce que je regarde comme un véritable outrage, c'est cette espèce de méfiance avec laquelle vous avez accueilli ma déposition. J'ai cru qu'a défaut de témoin parlant, celui-ci, tout muet qu'il est, m'au-

rait attiré l'honneur d'être au moins cru de
vous ; je ne voulais, je n'attendais que cela.
Aussitôt, montrant l'étoile de l'honneur qui
brillait sur sa poitrine : « Le voici, ajouta-
t-il, ce témoin muet qui aurait dû me servir de caution aujourd'hui, et vous faire
croire que je n'altérais en rien la vérité devant vous. Si je n'écoutais ici que mon indignation , j'arracherais soudain cette noble
récompense qui n'est pour moi qu'un objet
de parade, puisque en ce jour elle ne me
donne aucun crédit auprès de vous ; mais
mon sang et mon courage l'ont acquise, et je
la garde toujours avec orgueil. Les personnes que j'ai sauvées sont parties pour je ne
sais quel pays ; du reste, pour exiger d'elles
un certificat signé de leurs mains, il fallait
me regarder indigne d'être cru sur parole,
ou vous croire capables de me soupçonner
de fourberie, et, je l'avoue, cette pensée ne
s'est point présentée à mon esprit. Quant à
l'Arabe qui faisait partie des cinq ravisseurs,
dont quatre ont mordu la poussière, je l'ai

laissé vivre par dédain et peut être par pitié, et la précipitation qu'il a mise à s'éloigner quand il m'a vu favorablement disposé à le laisser fuir, me prouve qu'il n'est point dans les environs à attendre le jour où il pourra me justifier. On n'exige pas, on ne doit pas attendre cela d'un criminel honteusement vaincu, et qui probablement n'a pas informé même les siens de son crime et de sa défaite. Ainsi la nature du fait me prive de toute espèce de preuves ; je n'ai que ma parole d'honneur pour remplacer leur présence ici, et certes elle vaut, je crois, quelque chose dans la balance ! »

Victor se sentit alors vivement agité ; il lui vait été trop pénible d'employer de tels arguments pour gagner la confiance de ses juges, et tout ce que l'auditoire trouva excessivement chaleureux aurait été bien plus énergique encore si son indignation oublieuse ne se fût point rappelé le respect dû à ses chefs. Il déclara qu'il n'avait aucune autre réponse ou explication à produire ;

qu'il était inutile de lui adresser d'autres questions, et que, du reste, il n'y répondrait pas, ne désirant obtenir qu'un acte de justice et non un arrêt dicté par l'indulgence.

Son défenseur se leva pour prendre à son tour la parole. L'intérêt que lui inspirait le jeune officier ne servit pas peu à faire briller son éloquence et à donner de la vigueur et de la solidité à ses réfutations. Convaincu de l'innocence de Victor, inspiré par ses beaux services, et surtout par cette résignation calme et douce qui n'est jamais le partage du coupable, il fit mouvoir les plus puissants ressorts dans une plaidoirie où la beauté du style se mariait à la force et à la justesse de la pensée. A la fin de son discours, empruntant cette fierté qui venait de caractériser Victor aux yeux de ses juges: « Me voici arrivé, Messieurs, dit-il, au terme de ma défense. C'est avec une peine extrême que je ne vois pas sur vos visages cette conviction d'innocence que respire sans effort la cause de mon honorable client. Les faits, à mon avis devaient parler d'eux-mêmes et c'est à cela que je dois peut-être d'avoir été si mal inspiré ; du reste, je n'ai voulu qu'accomplir un pénible et beau devoir devant vous et non prouver à celui dont le sort est dans vos mains qu'il avait besoin de mon faible appui. Vous allez bientôt vous prononcer, n'oubliez pas que Dieu qui nous écoute a inspiré à mon client l'action dont vous allez peut-être le punir ; que dans aucune nation on n'a été coupable pour avoir voulu être humain, et que la France qui lira votre sentence pourrait un jour vous demander un terrible compte d'un sang que vous auriez fait couler au moment où elle avait besoin de l'appui de ses braves enfants. »

Le défenseur de Victor cessa de parler, et, dirigeant ses yeux sur lui, resta comme en contemplation devant un visage qui, dans une circonstance aussi pénible, était étranger à tout sentiment d'émotion et ne laissait percer qu'une vive reconnaissance pour celui qui l'avait si généreusement défendu. Les juges se retirèrent un instant, et, après quelques minutes de délibération, reparurent dans la salle au milieu du silence le plus profond. Chacun était dans l'attente la plus pénible. On se regardait, on s'interrogeait, tant une semblable cause intéressait vivement les cœurs. Enfin le président se leva, et, d'une voix solennelle commandée par la circonstance : « Lieutenant, dit-il, le conseil vous déclarant coupable, à l'unanimité, du crime que l'on vous reproche, vous applique l'article qui prononce contre vous la peine de mort ! Avez-vous quelque chose à ajouter pour votre défense ?

— Non, Messieurs, » répondit doucement Victor. Tout l'auditoire resta consterné, et, si la consolation des juges dans l'accomplissement de leurs pénibles devoirs, est de lire sur le visage des assistants la juste approbation dont quelquefois on honore leurs arrêts, ceux-ci ne lurent dans tous les yeux qu'une vive, qu'une énergique indignation qui était sur le point de faire éclat, si l'on n'eût fait promptement évacuer la salle.

Dans sa résignation, qui ne se démentit pas un seul instant, Victor ne s'aperçut pas seulement des regrets qu'il venait d'exciter, et, tendant la main à son défenseur, qui s'en empara avec une émotion touchante, il l'accabla des témoignages de sa reconnaissance, et le quitta en lui disant avec un demi sourire : Adieu! adieu!

—Oh! non, cent fois non, reprit vivement le défenseur ; dites plutôt au revoir: car mon cœur ne vous abandonne pas encore! et ils se séparèrent péniblement, se parlant encore des yeux quand leurs mains ne purent plus se joindre.

Victor fut reconduit dans sa prison pour y attendre le jour de son supplice, et dans peu d'instants, il se trouva seul, livré à lui-même et aux pénibles réflexions que son sort devait enfin lui inspirer dans ces moments suprêmes. Tous ses camarades, c'est-à-dire toute l'armée, furent vivement émus de sa condamnation. C'était justice rendue. En effet.

pouvait-on voir froidement conduire à la mort un jeune homme plein de vigueur et de force, qui s'était déjà signalé vingt fois sur le champ de bataille, et dont tout le monde aimait le caractère et la bonté ; pouvait-on voir sans être attendri s'éteindre un jeune courage si beau, si brillant, si précoce, et dont l'essor donnait de si hautes espérances ; et pour quel crime ? pour avoir fait usage de la qualité qui honore le plus le cœur humain ; pour avoir employé la vigueur de son bras et l'energie de son âme à défendre une jeune fille française qui se mourait dans les bras de ses ravisseurs ; pour avoir enfin débarrassé l'armée de quatre vils Arabes qui, le lendemain dans un combat, auraient pu blesser mortellement quelques-uns de nos braves. Personne n'osait élever la voix contre un arrêt aussi sévère ; mais chacun en secret maudissait les juges et les accusait de barbarie. C'est que tout le monde connaissait les hautes vertus de Victor et le savait incapable de la moindre mauvaise action. Ce témoignage public le consolait du moins un peu dans ses fers, et diminuait en quelque sorte un peu l'horreur que pouvait lui inspirer d'avance le jour de son trépas.

De tous ceux qui s'attendrirent sur le sort du jeune officier, Ferdinand fut sans doute celui qui se sentit le plus accablé par cette funeste nouvelle. Son cœur en fut percé comme par un trait aigu, et sa sensation fut aussi grande que s'il eût été lui-même frappé de cette condamnation. D'après l'accueil sévère et désespérant que lui avait fait le président du conseil, il n'avait pas certainement grande confiance dans la clémence des juges; mais il pensait, d'un autre côté, que la présence de Victor les désarmerait un peu et qu'un arrêt si foudroyants'arrêterait sur leurs lèvres lorsqu'il s'agirait de le prononcer contre celui dont le passé était si glorieux, et dont tout le monde implorait hautement le pardon. Quoique persuadé que tous ses efforts seraient inutiles, il eut le courage de renouveler ses prières auprès de ceux qui pouvaient casser la sentence ou en diminuer la rigueur. Mais ces larmes coulèrent en vain, et ses peines furent perdues. Voyant alors qu'il fallait renoncer au doux espoir de conserver son frère chéri, il voulut du moins ne pas le quitter pendant le peu de jours qui lui restaient à vivre. Il obtint cette permission, qu'on accompagna pourtant de la plus exacte surveillance. Lorsqu'il eut pénétré dans la prison de Victor, il le vit occupé à écrire ses dernières pensées. Ce malheureux jeune homme, en un moment où presque tous les hommes sont écrasés sous le poids accablant des plus pénibles pensées; à cette heure où la mort paraît devant vos yeux couverte d'un voile noir, et semble vous dire qu'il est temps de partir, ce malheureux jeune homme, disons-nous, conservait le calme le plus intéressant, et sans sentir le cours de ses idées interrompu par de sinistres occupations, traçait sur le papier les dernières émotions de son âme et les élans d'un vertueux et saint amour. Lorsqu'il eut cessé d'écrire, il remit le papier entre les mains de Ferdinand qui se hâta d'en prendre lecture. C'était une lettre adressée à ses vieux parents ; elle était conçue en ces termes :

« A ma mère bien-aimée, au plus respectable des pères,

« Préparez vos cœurs à la plus forte secousse, et ranimez tout votre courage ; car votre amour pour moi va subir la plus violente épreuve. Demain, aujourd'hui, dans quelques heures peut-être, vous n'aurez plus de fils en moi, et quand vous recevrez les derniers baisers que je vous adresse, il y aura bien long-temps que j'aurai cessé d'exister. Au moment, où uniquement occupé de votre bonheur, j'espérais rendre vos jours exempts du plus petit orage ; au moment où votre vieillesse avait tant besoin de mon appui et de mes secours, un arrêt cruel contre lequel je ne murmure pas, vient m'enlever le doux espoir de vous être utile; mais ne croyez pas que votre fils ait oublié l'honneur. Si vous ne m'eussiez pas fait un cœur généreux de longs jours me seraient promis encore, et je pourrais du moins aspirer à vous revoir ; Mais ce que c'est que le métier des armes ! j'abandonne pour quelques heures mon poste pour voler au devant des cris de désespoir , j'ai le bonheur de sauver les deux victimes qui m'inplorent , pendant ce temps on attaque mon poste, mon frère le défend avec courage et succès, et pourtant on me condamne à mon retour comme traître à ma patrie. Malgré l'ingratitude de mes juges, je ne regrette pas le sang que j'ai versé pour elle ; mais je désire qu'elle n'ait jamais à son service que des bras aussi fidèles que les miens.

« La meilleure preuve d'amour que vous puissiez me donner, c'est de ne pas trop vous attendrir sur mon sort. Rappelez-vous qu'il vous reste encore un fils , le tendre, le bon Ferdinand, qui vit toujours pour vous , et pour lequel vous devez essayer de vivre. Bientôt il sera dans vos bras pour vous consoler ; il vous parlera de moi , de mon amour pour vous, des batailles où j'ai illustré votre nom ;

et, en imprimant tous ensemble un baiser sur mon épaulette et sur ma croix, une pensée de gloire et l'orgueil d'une vie honorée par de beaux succès relevera peut-être vos cœurs abattus. Je ne connaîs point encore ni le jour, ni le moment de mon exécution, mais jusque-là et sur le terrain fatal, toutes mes pensées seront pour vous, et je vous offrirai les derniers battements d'un cœur que rien ne flatta jamais tant que l'espoir de faire votre bonheur. Je vous adresse mille baisers que l'heureux Ferdinand déposera sur vos visages sacrés ; et s'il est vrai que les ombres quittent quelquefois leur tombe, la mienne, franchissant l'espace qui la séparera de vous, ira reconnaître votre toit et vous visiter doucement dans la nuit !

« Adieu ! pour toujours ! Mon dernier soupir sera pour vous ! »

En lisant cette lettre mouillée encore des larmes de Victor, Ferdinand avait versé aussi d'abondantes larmes. Plus d'une fois il avait été obligé d'interrompre le cours de sa lecture et il en avait profité pour serrer dans ses bras son malheureux frère, qui, de la voix et du geste, le suppliait de conserver son courage et de ne point fatiguer son âme à gémir sur un mal sans remède.

C'était un tableau bien attendrissant de voir deux frères, deux véritables amis, user les derniers moments qui restaient à l'un d'eux à s'embrasser étroitement et à couronner leur dernier entretien par les caresses qui accompagnaient leur jeux enfantins au sortir du berceau. Ah ! si ceux qui avaient condamné Victor eussent été témoins de cette scène, s'ils avaient vu leurs âmes brûlantes et désespérées se répandre dans les baisers d'adieu qu'ils s'adressaient, si enfin ils avaient lu la lettre attendrissante que l'infortuné Victor écrivait aux vieux auteurs de ses jours, il nous est permis de penser qu'un peu de sensibilité aurait pénétré dans leurs cœurs ; que la vertu du lieutenant aurait enfin triomphé de leur sévérité, et que, sans absoudre Victor, ils auraient du moins diminué l'extrême rigidité de sa peine ; mais , enfermés entre quatre murailles, dans une prison qu'éclairait un demi jour par de sombres barreaux, ils n'avaient que Dieu pour témoin ; mais Dieu peut tout, c'est en vain que les hommes voudraient s'opposer à sa volonté.

Après le pénible entretien qui venait d'avoir lieu, les deux frères, assis près d'une petite table, faisaient un modeste repas pour écarter un peu leurs sombres idées, lorsque par la fenêtre de la prison , ils virent passer une main dans l'intérieur. Cette main laissa tomber avec précipitation un objet que nos deux amis ne purent point d'abord distinguer et disparut avec la rapidité de l'éclair. Victor quitte la table, va saisir l'objet, le regarde attentivement : c'était un bouquet d'immortelles semées de quelques fleurs de grenadier. Ce bouquet renfermait une lettre que le prisonnier s'empressa d'ouvrir. Voici ce qu'elle contenait :

« Nous connaissons votre courage, lieutenant ; aussi nous n'hésiterons pas à vous dire que c'est demain le jour fatal où nous vous perdrons pour toujours. Si tout le monde vous regrette, votre compagnie surtout déplore d'avance votre perte, *et* son sang pour sauver le vôtre. Privée de ce doux honneur, elle a voulu vous faire ses tristes adieux pour vous prouver son respect, son amitié et sa reconnaissance. Chacun de vos soldats a signé cette lettre, un de nous, qu'a choisi le sort, a eu le bonheur de venir secrètement vous faire passer ce faible témoignage de notre vive douleur ; nous connaissons tous votre âme aimante, vous y serez sensible. Vous trouverez dans *les immortelles* l'image sincère de nos regrets, et les fleurs qui les accompagnent sont le symbole du courage que vous avez toujours déployé dans les combats. La France ne manque pas de braves qui nous guideront encore au champ d'honneur ; mais ils n'auront peut-être pas votre voix pour nous électriser, votre bras pour nous défendre, et votre expérience pour nous guider.

« Adieu, lieutenant. Tous vos soldats vous embrassent, chériront toujours votre mémoire, et vont jusqu'à demain tresser les couronnes qu'ils doivent à votre cendre ! »

« Que dis-tu de cela, dit Victor en souriant de joie et d'attendrissement. Les bons camarades ! Comme ils pensent encore à moi ; que leur hommage est ingénieux et tendre. Ferdinand, tu garderas cette lettre ; elle fera partie de l'héritage que je te destine. Quant au bouquet, tu le déposeras sur ma tombe : la terre me paraîtra plus légère. Pauvres soldats, je vous rends bien l'attachement que vous me portez, et, après nos vieux parents et mon frère, vous êtes à coup sûr les objets les plus chers à mon cœur. »

Ferdinand qui savait n'avoir plus qu'une nuit à passer avec son frère, était resté comme insensible à cet hommage, et, l'œil fixé sur son frère, était resté sans voix et sans mouvement. Bientôt, comme inspiré par une pensée du ciel : « Mon frère, dit-il avec un accent de courage et de résolution, tu ne mourras pas, Ferdinand s'y oppose. J'espérais toujours quelque chose de la clé— mence de tes juges; jusqu'à la fin mon cœur se berçait de quelque espérance ; mais, puis- que je suis trompé dans mon attente si chère, puisqu'ils veulent ta mort, je veux du moins leur vendre chèrement ta vie. Vers la fin du jour nous frapperons à la porte de ta prison; je témoignerai le désir de m'éloigner : celui qui en garde la clef viendra m'ouvrir : mon bras est nerveux, tu le sais, et d'ailleurs mon amour pour toi le rendra fort. A peine sorti, je le saisirai par le cou sans qu'il en soit prévenu, et, profitant de cette attaque, tu t'éloigneras au plus vite, bientôt je serai vers toi et Dieu fera le reste.

— Amour insensé du meilleur des frères, reprit Victor ému jusqu'aux larmes, y penses- tu, Ferdinand, de me proposer l'entreprise la plus impossible? Nous sommes gardés à vue plus que tu ne crois, et toute évasion devient impossible; mais quand même le succès cou- ronnerait notre entreprise, quand nous serions sûrs, par une adroite violence, d'intimider ou d'aveugler l'un de ceux qui me gardent et de trouver une pleine et entière liberté à quelques pas de ma prison, crois-tu que je consentirais à te suivre? Non, ne l'espère pas. J'admire les efforts que tu fais pour me sauver ; je vois quel excès d'amitié t'anime pour moi ; mais Victor, même pour son salut, n'accepte pas des propositions qui doivent infailliblement nuire aux autres. Ceux qui nous gardent ont en nous une grande confiance ; ils me plaignent, tu le sais, et laissent voir sur leurs visages la douleur la plus vraie, et j'irais, par une fuite lâche et honteuse, les compromettre aux yeux de la loi ! Que dis-je ? j'emploierais la violence sur ceux qui me traitent avec tant de bonté et de ménagements ! Non, Ferdinand, ce serait légitimer ma mort, me faire regarder comme vraiment coupable, et convertir en mépris général le vif intérêt que chacun me porte. Je reste dans ma prison, et j'attends sans trembler l'heure de mon suprême départ ! »

Ferdinand comprit la solidité des raisons
que lui opposait Victor, et, modérant les accès de son imagination exaltée, lui donna
pleinement raison de ne pas vouloir suivre
son imprudent conseil; mais qu'on lui pardonne son langage, il aime tant son frère, il
désire avec tant d'ardeur sauver ses jours,
que tout lui paraît bon et raisonnable lorsqu'il s'agit de devenir son libérateur. D'un
autre côté qu'on admire la conduite de Victor qui ne se dément en rien. Quelle noblesse
de sentiments ! quelle résignation et quelle
vertu dans les fers qu'il porte injustement !
C'est là le haut degré de la magnanimité,
c'est là le sûr moyen de faire repentir ses
juges de l'avoir traité si sévèrement , car tous
les moyens sont bons à un criminel pour
s'échapper d'un cachot où on l'a plongé. Les
violences, le meurtre même, rien ne lui coûte
pour soustraire sa tête coupable au châtiment
qui lui est réservé; mais l'innocence est
noble et fière au sein de ses douleurs, et
brave le supplice en l'attendant sans plainte

et sans murmure. Tel est Victor, il est incapable d'une action qui pourrait porter la plus légère atteinte à son honneur, il préfère mille fois la mort.

Comme nous l'avons dit plus haut, notre intéressant prisonnier était arrivé à la veille de son exécution : il se sentit un peu fatigué et prit quelques heures de repos. A son réveil il fut fort surpris de ne pas voir dormir son frère. Ses larmes coulaient avec abondance. Il l'embrassa étroitement et le supplia de maîtriser sa douleur. Ferdinand pouvait à peine se soutenir, enfin son agitation se calma ; la nuit disparaissait et l'aurore allait bientôt paraître. Les moments étaient précieux. Victor les employa à donner à son frère les conseils les plus sages ; il l'entretint ensuite de leurs vieux parents. Oh ! c'est alors que ses larmes coulèrent aussi. Il se retraçait le désespoir dans lequel ils allaient être plongés à la nouvelle de sa mort, il redoutait bien plus cela que les balles qui allaient percer sa poitrine ; mais heureusement

Ferdinand leur restait, et cette idée le consolait un peu. C'est que ces pensées sont acca-
blantes pour un bon fils. Pourrait-il en effet
rester insensible devant un tableau si attendrissant, comment voir sans émotion deux
têtes vénérables blanchies sous les ans, deux
vieillards sans appui et sans soutien. On leur
enlève pour toujours leur joie et leur orgueil ;
ils ne verront plus celui qui ne vivait que
pour eux : c'est bien là un motif suffisant
pour se désoler, pour mourir.

Les heures s'écoulaient avec rapidité, et
le soleil depuis longtemps dorait la plaine ;
déjà tout se préparait pour l'exécution de
Victor ; il n'avait plus que quelques heures à
rester dans sa prison ; il se livrait à un dernier entretien avec son frère, lorsqu'un officier supérieur se présenta à lui, et lui demanda s'il avait quelque chose à dire ou à
faire. Victor qui, dans cette question, vit que
son heure dernière était arrivée, répondit
avec douceur que toutes ses dispositions étaient
prêtes, et qu'il était à l'entière discrétion de

ceux qui viendraient le chercher. L'officier disparut avec l'émotion sur le visage. Alors les deux frères s'enlacèrent étroitement, et, sans rien se dire, et, se regardant seulement, ils se préparaient à cette cruelle séparation. Au bout de quelques instants, la porte s'ouvrit de nouveau ; c'était, hélas ! pour la dernière fois : on vint signifier à Victor l'ordre de sortir de sa prison, et tout ce qu'il vit alors devant ses yeux lui apprit le reste. Ceux qu'on avait choisis pour le conduire au supplice et our lui donner la mort, la pâleur sur le visage et la tête à demi-baissée, lui montraient assez avec quelle violence ils accomplissaient ce pénible devoir ; quelques-uns d'entre eux ne purent même retenir leurs larmes. Victor essaya de les calmer en dirigeant sur eux un regard où brillait une dernière étincelle de courage, et, leur faisant signe de marcher et de le conduire, il prit la route du terrain fatal, toujours accompagné de son frère qui avait juré de ne le quitter qu'à son dernier soupir. La marche fut lente. Une foule nombreuse était veuue ce placer sur le passage de Victor, et le suivait en silence et dans la consternation; quant à lui, revêtu de son habit d'uniforme, il s'avançait gravement et sans affectation, et devenait pour tous un dernier sujet d'admiration par sa bonne tenue, son calme et les honorables souvenirs qu'il suscitait dans l'esprit de ceux qui l'avaient connu. On s'arrêta enfin. Le silence devint alors plus général, tous les yeux étaient fixés sur l'intéressante victime, et tous les cœurs battaient, excepté le sien. Après un lugubre roulement de tambours, il entendit la lecture de sa condamnation, et, jusqu'à la fin, garda le même visage, le même sourire sur les lèvres.

Pendant que tous les assistants sont plongés dans la stupeur et redoutent le moment suprême qui s'avance, entretenons un instant le lecteur d'un sujet qui sans doute va fixer agréablement son attention, il se rappelle aisément que les dernières paroles du défenseur de Victor dans la salle du conseil

4*

furent celles-ci : *Lieutenant, je vous dis au revoir, et non pas adieu!* Ces paroles avaient un sens vrai dans la bouche d'un homme qui avait pris si chaleureusement sa défense, et pourtant depuis on n'a pas entendu parler de lui; il n'est pas venu dans la prison de Victor lui apporter quelques consolations que la circonstance aurait rendues si douces au cœur de celui qui les aurait reçues. A-t-il oublié sa promesse, et les dernières paroles qu'il a adressées à son client n'étaient-elles dans sa bouche que le dernier baume qu'on applique sur une plaie sans remède ? Non, elles avaient une autre portée. Convaincu de l'innocence de Victor, et tout fier d'avoir défendu un brave, il mettait encore mille fois plus d'orgueil à le sauver. La grande difficulté pour lui c'était de découvrir la véritable retraite des deux personnes que son courage avait délivrées. Il marche, il court, il se multiplie ; il promet une forte récompense à celui qui trouvera leur trace. Enfin, ô bonheur ! à force de soins et de peines, il n'a plus rien à désirer, et sa sollicitude est couronnée par un succès qu'il n'osait pas attendre. Clara et M. Bellanger se présentent à ses yeux, il prononce aussitôt le nom de Victor, et ce nom fait la plus vive impression sur ceux qui l'entendent. Sans perdre de temps, l'honnête défenseur leur explique avec chaleur le but de ses recherches. Clara frémit de crainte, son père est au désespoir, et l'ami de Victor profite de ces bonnes dispositions pour leur faire regarder comme un devoir sacré de faire un voyage auprès du Gouverneur dans l'intention d'obtenir la grâce de celui à qui tous deux ils devaient la vie.

Cette proposition fut accueillie avec le plus grand empressement et jamais reconnaissance ne fut plus vive à s'exécuter et ne s'employa avec meilleure grâce. M. Bellanger mit les chevaux à sa voiture, se munit de provisions pour ne point faire de halte, et tous trois s'acheminèrent avec rapidité vers la ville où Victor était prisonnier. Les instants étaient chers. Arrivés devant le Gouverneur, ils lui exposèrent le sujet de leur visite, et le père de Clara le voyant prêter une oreille attentive, s'exprima en ces termes :

« Vous voyez devant vous, Monsieur, deux personnes qu'il est en votre pouvoir de plonger dans le désespoir ou de mettre au comble du bonheur. Le jeune lieutenant qu'on doit fusiller aujourd'hui est notre libérateur ; il nous a sauvés des mains des Arabes, et nous lui devons l'honneur et la vie ; car vous savez ce que ces infâmes réservaient à ma fille. Au nom du ciel, de l'humanité, au nom sacré de la reconnaissance, brisez sa sentence, et jamais nous n'oublierons ce bienfait. Ma fille, tombons à ses genoux ! » Et tous deux alors, dans la posture la plus suppliante, redemandèrent, les larmes aux yeux, la grâce de leur libérateur.

Le Gouverneur ne put résister à un tableau si touchant ; son cœur fut vivement ému, et sans perdre de temps, il signa le pardon de l'officier. M. Bellanger et Clara prirent à peine le temps de le remercier et se précipitèrent avec rapidité vers le lieu fatal où allait bientôt se consommer la terrible exécution.

Après quelques minutes de marche, ils aperçurent une foule nombreuse qui assistait à ce sanglant spectacle, non par un sentiment cruel de curiosité, mais conduite par le vif intérêt que lui inspirait Victor. Tous trois pressent le pas. Clara, hors d'haleine, peut à peine respirer ; elle est sur le point de perdre ses forces ; mais son courage la soutient et lui fait oublier sa fatigue.

Cependant tous les apprêts de l'exécution étaient terminés. Victor, accompagné et soutenu par son frère, s'avance vers la place où les balles doivent le frapper ; il ôte son habit, en détache la croix et l'épaulette, et dit à son frère : « Tiens, mon ami, reçois ce dernier gage de mon amitié, c'est un dépôt sans tache que je te confie, car j'ai toujours été fidèle à l'honneur. Bientôt tu n'auras plus de frère ; embrassons-nous encore une dernière fois !... Encore une embrassade,» dit-il, en le serrant fortement sur son cœur, et, lui faisant signe de s'éloigner, il poussa un profond soupir. C'était sans doute un soupir à la gloire; et puis, prenant une attitude simple et fière, il fit signe qu'il était prêt. Les tristes camarades qui devaient tirer sur lui se disposaient, hélas ! à obéir au commandement, lorsque trois personnes fendent la foule en criant à haute voix : « Arrêtez ! arrêtez ! Nous avons obtenu grâce ! » Et Clara, l'impatiente Clara porte au commandant une lettre signée du Gouverneur, et tombe évanouie. Son père, ranimant aussi ses forces qui l'abandonnaient, la relève avec peine, et, avec le défenseur de Victor, l'aide à se soutenir quelques instants.

« Lieutenant, dit une voix qui provoqua une allégresse générale, grâce vous est faite : le gouverneur vous pardonne. « Cette voix fut aussitôt suivie de mille autres voix qui s'écrierent à leur tour : « Vive le gouverneur, vive Victor ! Et ces mots furent re-

pétés pendant plusieurs minutes. Nous laissons à penser au lecteur les diverses émotions
qui durent agiter la foule. Victor était déjà
dans les bras de son frère, au milieu de sa
compagnie, et de nombreux officiers qui
s'étaient empressés de le féliciter et de l'embrasser chacun à son tour. Victor ému jusqu'aux larmes de tant de témoignages d'amitié, était pourtant le moins affecté. Après
leur avoir exprimé en peu de mots sa vive
reconnaissance, il se sépara du cercle qui
l'entourait, et courut auprès de ceux qui ve-
naient de lui apporter sa grâce. A la vue de
Clara, presque évanouie, et dont le visage
n'avait pourtant rien perdu de sa beauté, il
resta comme interdit, et ne put proférer aucune parole. Au bout de quelques instants,
revenu de sa première émotion, il remercia
tendrement M. Bellanger et son défenseur, et
ne s'occupant plus alors que de Clara, il
voulut la ranimer, et d'une voix entrecoupée
il l'appela plus d'une fois par son nom. La
jeune fille reconnut son libérateur; elle ou-

vrit les yeux, rencontra ceux de **Victor**, **et** reprenant toute sa force · « Oui, le voilà, dit-elle ; c'est lui ! c'est lui ! il est sauvé ! » Le jeune officier la prit dans ses bras, l'embrassa avec modestie, mais avec une expression qu'il serait impossible de rendre ; et la remettant ensuite dans les bras de son père : « Aujourd'hui, dit-il vous ne me devez plus rien, courageuse demoiselle, et le peu que j'ai fait pour vous est noblement acquitté par la conduite qu'en ce jour vous tenez envers moi. Ah ! je le vois, un bienfait n'est jamais perdu ! **Si je** tiens à la vie par plusieurs liens, soyez persuadée, qu'après mes parents, vous tiendrez toujours la première place dans mon cœur. » Alors il versa des larmes de joie et d'attendrissement. M. Bellanger après avoir répondu à ces protestations de reconnaissance, proposa à Victor de fêter un aussi beau jour, dont l'aurore avait été obscurcie par les plus sombres nuages. Victor accepta la proposition que lui faisait ce bon père, et remettant son uniforme que **lui tendait Fer–**

dinand : « Oh! mon habit, mon cher compa-
gnon de guerre, je dois donc t'endosser encore, moi qui croyais t'avoir déposé pour tou-
ours; et vous, ma belle épaulette, ma noble
croix, vous me prêterez donc encore votre
éclat! Chers gages de courage, douces récompenses des braves, vous que je ne croyais plus
revoir, j'éprouve autant d'orgueil à vous
reconquérir que le jour où je vous gagnai. O
mes amis, dit-il en finissant, c'est trop de
bonheur à la fois! » Et déjà il reparaissait
au milieu de tous, sous le costume d'officier,
et libre comme naguère.

Avant de se livrer à la joie que venait de
leur procurer un si beau jour, ils avaient un
devoir à remplir : c'était d'aller chez le gouverneur lui témoigner toute leur gratitude.
Celui-ci leur fit l'accueil le plus flatteur :
« Vous avez tous, leur dit-il, la satisfaction de
sentir que vous avez fait ce que vous deviez
faire, et vous, êtes tous les nobles rivaux les
uns des autres. Quant à moi, je me trouve
très heureux d'avoir provoqué parmi vous

une si vive allégresse. En vous sauvant la vie, lieutenant, j'ai conservé à l'armée un de ses braves, qui peut-être demain honorera son drapeau. Je vous devais bien cela, puisque vous savez bien conserver les jours des autres. Eh bien ! vivez, et prouvez à vos chefs et à vos camarades combien vous leur étiez encore utile. Vous avez trop bien débuté dans la carrière des armes pour vous arrêter là, malgré la gloire que déjà vous avez acquise. Combattez toujours l'ennemi avec le même courage, soyez pour eux un terrible revenant. Vous avez encore de bien douces récompenses à recevoir de la main de vos chefs. » Alors le gouverneur l'embrassa. Après une entrevue agréable pour tous, Victor et sa société se retirèrent après avoir prodigué à leur bienfaiteur les marques les plus vives de leur reconnaissance.

Le reste de la journée se passa au sein de l'allégresse. Ils ne se lassaient pas de parler de leurs aventures ; mais Victor fut le héros de la journée, en raison du danger imminent auquel il avait été exposé, puisqu'il s'était vu toucher au dernier moment de sa vie. Si ce brave officier fut excessivement flatté des éloges sincères qu'il reçut de toutes parts, sa plus grande joie était d'être devenu un objet d'admiration pour Clara. Cette jeune fille, dans l'effusion de sa reconnaissance, ou conduite peut-être par un tout autre sentiment dont elle ne savait pas démêler la nature, avait constamment ses regards fixés sur Victor, et ses yeux d'ange, bleus comme l'azur du ciel, semblaient se reposer sur lui comme sur un être surhumain. Victor s'aperçut bientôt de cette douce préférence, et profitant de l'heureux empire qu'il avait sur Clara, il s'étudia à l'entretenir, en usant envers elle de la politesse la plus exquise, et des procédés les plus délicats. Il lui fut d'autant plus facile de maintenir la jeune fille dans l'espèce d'admiration qu'elle avait pour lui, que la réciprocité des services rendus établissait naturellement entre eux les avantages d'une décente familiarité. Ce fut une journée de délices pour tous.

M. Bellanger, qui ne devait plus quitter de

longtemps le lieu qu'habitait la garnison de Victor, s'engagea à lui faire de fréquentes visites : on verra qu'il tint parole. A la fin du repas il proposa un toast général, et comme la nuit s'avançait, chacun se quitta dans l'espoir de se revoir souvent. Victor osa demander la permission d'embrasser Clara ; le sourire du père fut une adhésion suffisante, alors le baiser le plus tendre fut déposé presque sur les lèvres de Clara, et la fit rougir un peu, tant il parla à son cœur. Victor l'accompagna d'un regard qui disait bien des choses : Clara le comprit-elle ? Sans doute ; du moins nous l'espérons, dans l'intérêt que nous portons à Victor. M. Bellanger et Clara prirent le chemin de leur nouvelle habitation ; et Victor, avec son frère et son défenseur, officier comme lui, prirent celui du quartier. Victor était fatigué ; car il avait éprouvé de grandes secousses physiques et morales : aussi s'endormit-il dès qu'il se fut jeté sur son lit. A son réveil, agitant dans son esprit tout ce qu'il avait vu et fait la veille, il fut surtout émerveillé de la conduite inattendue qu'avait tenue son défenseur, et trouva son dévouement d'autant plus admirable, qu'il avait tout fait avec le plus grand silence et la plus généreuse modestie.

Un si noble trait méritait au moins un remerciement à part. Jaloux d'accomplir un devoir que lui dictait la reconnaissance, il se leva, courut avec empressement vers sa chambre, et lorsqu'il fut en sa présence, il l'embrassa militairement, c'est-à-dire d'un extrême bon cœur, et lui répéta cent fois qu'il ne pourrait jamais s'acquitter dignement envers celui à qui seul il devait la vie. Ce fut, comme on le pense, une nouvelle occasion de se jurer une constante amitié, et de savourer les charmes d'un entretien que Victor était bien loin d'espérer la veille.

En se séparant, nos deux amis se promirent de se revoir le jour même, et Victor, dont les belles actions échauffaient le cœur et l'imagination, chercha dès lors la plus petite occasion de s'acquitter envers son libérateur de la dette qu'il avait contractée envers lui. Cette occasion se présenta d'elle-même, sans que

Victor se donnât la peine de la chercher. Au bout de huit jours, un nombre assez considérable d'Arabes, profitant du calme qui régnait parmi les Français, crurent qu'ils triompheraient facilement de nous, en nous attaquant à l'improviste, et se jetèrent en masse sur nos troupes, au moment où elles s'y attendaient le moins. Au premier signal d'attaque, nos soldats se réunissent, et, dans un clin d'œil, ils se trouvent en état de se défendre : l'attaque fut vive de la part des Arabes; mais de notre côté nous leur ripostâmes avec une énergie incroyable, il y eut même de l'acharnement, car nous étions indignés des surprises lâches, quoique toujours sans succès, que l'ennemi nous faisait presque chaque jour. Le combat fut rude et sanglant d'abord ; mais lorsque tous nos renforts furent arrivés, la lutte devint un jeu pour les Français Victor se battait comme quatre · on le reconnaissait à sa voix, qui toujours excitait ses soldats, et à la précision de ses commandements, qui toujours obtenaient le succès qu'il en attendait. La compagnie qui était à la gauche de la sienne était dirigée en partie par son libérateur, lieutenant comme lui, et dont le jeune et brillant courage avait déjà éclaté dans plus d'une circonstance..

Victor l'aperçoit entouré d'une douzaine d'Arabes au milieu desquels un mouvement trop violent l'avait emporté. Aller le secourir fut l'affaire d'un moment.

« A moi, six hommes! » cria-t-il d'une voix qui était toujours comprise de ses soldats, et déjà il se trouve avec ce petit renfort, dans le cercle où son ami était sur le point d'être mutilé. Plusieurs yatagans étaient levés sur sa tête, et une minute plus tard, un cruel trépas allait devenir son partage : Victor et ses soldats font des prodiges de valeur; plusieurs Arabes sont déjà tombés à leurs pieds, et ceux qui dans cette lutte survivent à leurs coups, s'abandonnent à une prompte fuite. Un seul a le courage de résister dans la chaleur de l'action, et veut porter un dernier coup à son ennemi avant de fuir : c'était du véritable courage ! Victor fait signe à ses soldats qu'il veut l'attaquer seul : ils se précipitent l'un sur l'autre avec un acharnement incroyable ! Victor fait feinte de tomber, l'Arabe se baisse pour percer sa victime; mais Victor, dont rien n'égale la souplesse. se relève par un mouvement subit, tandis que son ennemi se trouve dans la posture qu'il vient de quitter, lui plonge la moitié de son épée dans le dos, et la retire fumante, tandis que l'Arabe pousse en expirant un dernier cri de rage, et le menace encore de son œil mourant. Victor avait été remarqué par les siens : de retour parmi eux, il reçut mille félicitations de ses chefs, de ses camarades, et surtout de celui qu'il venait de sauver avec autant d'adresse que de courage. C'est ainsi que Victor, à la première occasion qui se rencontra, paya sa dette à son libérateur en devenant le sien, et prouva à sa patrie combien il était digne qu'elle conservât ses jours.

L'attaque se continua quelques instants encore : mais la fusillade des Arabes n'était plus qu'un point d'orgueil blessé d'une fuite honteuse et prudente; l'ennemi laissa plus de quatre cents morts sur le terrain, et se reliap sur lui-même, confus, après tant d'épreuves contraires, d'avoir cru nous vaincre en nous surprenant. Tout rentra dans l'ordre, nos troupes se retirèrent en chantant, et en épouvantant encore l'ennemi, qui craignait, dans ces cris, une nouvelle attaque. Quand nos soldats eurent déposé leurs armes, Victor eut une entrevue avec celui qu'il avait si vaillamment sauvé : celui-ci, reconnaissant à son tour, le nomma son libérateur, et lui défendit de parler désormais d'un service passé, où il n'avait couru aucun danger, et qui d'ailleurs se trouvait effacé ce jour-là par une action où Victor avait si courageusement exposé ses jours.

Qu'il est beau de voir lutter ainsi la reconnaissance ! Ce sentiment inspire toujours de nobles actions, et si on y met quelque orgueil, il devient une vertu par la pureté de l'intention qui le conduit.

Quand le gouverneur eut aperçu le nom de Victor en tête de ceux qui s'étaient distingués dans cette dernière affaire, il s'applaudit d'avoir cédé aux prières de ceux qui demandaient sa grâce avec tant d'instance, et fut heureux de compter encore parmi les défenseurs du pays un officier aussi brave, et dont l'exemple devait si puissamment encourager les autres à l'imiter. Il le fit venir auprès de lui, et lui tendant la main affectueusement, il lui donna les preuves les moins équivoques de son admiration, et lui promit de le récompenser à la première occasion.

C'est ainsi que Victor se faisait aimer de ses supérieurs et de ses camarades, par toutes les qualités qui ornaient sa personne. Convenons, sans trop le louer, qu'il eût été vraiment dommage de priver l'armée d'un officier tel que lui, et de le faire mourir d'une mort qui n'a rien de déshonorant, sans doute, mais qui ne doit être réservée qu'à des soldats qui ont eu le malheur de manquer essentiellement à des devoirs sacrés. Courage, Victor! une belle récompense t'attend, et cette récompense doit au moins flatter ton cœur autant qu'un prix qui te serait décerné par la victoire: les roses de l'amour n'ont jamais déparé les lauriers de la gloire, et Vénus te tresse une

couronne qui ne fera que doubler l'éclat
des palmes que tu as cueillies dans les combats !

Depuis le jour où Victor avait obtenu sa
grâce comme par miracle, il avait eu plusieurs fois l'occasion agréable de voir M. Bellanger et sa jeune fille, qui presque tous les
jours étaient venus lui adresser une petite visite. Dans ces différents entretiens, par plus
d'un coup d'œil presque toujours inaperçu
du père, Victor avait aisément fait comprendre à Clara le naissant et vif amour qu'il ressentait pour elle; et sans répondre directe-
ment au langage de ses yeux, Clara, de son
côté, avait assez laissé voir la sympathie qui
l'attirait vers le jeune officier. De plus, l'heureux Victor avait eu lieu de s'en convaincre
en pressant plusieurs fois secrètement la
main de Clara, et en sentant cette dernière
presser à son tour la sienne. Victor n'était
pas homme à se tromper, et en amour comme
en guerre ses coups étaient toujours cer-
tains.

Le père de Clara ne s'était pas aperçu à la

vérité de cette intelligence naissante, mais les voyant faits l'un pour l'autre, jeunes, doux, spirituels tous deux, et de plus, toujours conduit par un vieux sentiment de gratitude, il avait formé le généreux projet de les unir, si aucun obstacle ne venait s'opposer à cette union. Il n'avait pourtant rien dit de ses intentions à sa fille, et voulut lui ménager une surprise qu'il prévoyait devoir lui être agréable.

Un certain jour il lui proposa d'aller rendre visite à Victor, et de passer une demi journée ensemble. Clara, comme on le pense, accepta la proposition avec empressement, et eut même quelque peine à déguiser sa joie, que son père eût peut-être trouvée trop vive. Lorsque Victor les aperçut, il courut audevant d'eux, selon son habitude, et après les civilités d'usage, M. Bellanger proposa un dîner qui fut accepté sans façon. L'appétit ut charmant, de part et d'autre, et la conversation roula sur différents sujets. Vers la fin du repas le père de Clara parut fortement ému, et comme on lui en demandait le motif, il s'exprima ainsi, d'un accent tout paternel, les larmes dans les yeux, et le sourire sur les lèvres : « Mes enfants, c'est trop ajourner la récompense que je dois à la vertu que de retarder plus longtemps l'aveu que je devais vous faire. Puisse ma proposition être acceptée de vous deux, et je n'aurai plus rien à désirer sur la terre. Je veux vous marier. » A ce mot, il fut interrompu par deux soupirs expressifs, qui démontraient la joie de ceux à qui s'adressait une semblable proposition. « Je veux vous marier, répéta-t-il après un moment de silence. J'ai cru que deux cœurs qui avaient un si grand motif pour s'estimer, pourraient facilement s'aimer, puisque l'estime est la mère de l'amour. » Puis s'adressant à Victor : « Je ne sais pas, dit-il, Monsieur, si je m'aveugle sur le mérite de ma fille. et si mes yeux de père voient des qualités où les autres, avec moins d'intérêt, verraient des imperfections ; mais à vous parler franchement, toutes les fois que ma pensée s'est arrêtée à chercher le mode de reconnaissance que je devais employer pour vous payer ma dette, ma fille, ma chère fille est toujours venue se placer dans la balance pour faire un contre-poids au bienfait que nous avons reçu de vous; et, je l'avouerai, ma faiblesse, mon amour et mon admiration pour Clara ont toujours été si grands, que je crois digne de vous et de votre courage la récompense que j'ai l'honneur de vous offrir. Si je me trompe, pourtant, ou plutôt si je m'aveugle trop en accordant à ma fille un mérite que tous les yeux ne lui accorderaient pas, peut-être; pour la rendre tout à fait digne de vous, ajoutez aux petites vertus que vous lui reconnaissez, du moins je l'espère, tout ce qu'il va en coûter à mon cœur quand je me séparerai d'elle; et si vous estimez à sa juste valeur un si cruel sacrifice, vous verrez que c'est le plus grand que je puisse faire. Maintenant, parlez, Monsieur, je vous écoute. »

Victor, que tant de bonheur venait d'accabler, ne répondit d'abord que par des larmes d'attendrissement. C'en était assez pour M. Bellanger. Il jeta un regard doux sur sa fille. aperçut un regard furtif qu'elle adressait à Victor, et voyant que tout venait seconder ses désirs : « Embrassez-vous, mes enfants, leur dit-il, et que ce baiser soit le sceau d'un hymen qui va faire le bonheur de nous trois, et pour lequel je vais tout disposer sans retard. » Victor, dont la grande emotion était un peu calmée, voulut à son tour essayer d'exprimer ce qu'il ressentait : « Monsieur, dit-il, vous que le ciel me permet déjà d'appeler mon père, comment pourrai-je vous payer tout le bonheur dont vous me comblez en ce jour ! Et qu'ai-je donc fait pour que vous me traitiez avec tant de générosité. J'ai sauvé Clara ; mais quel Français ne l'eût point fait à ma place ? Après cette action remplie, ma récompense n'était-elle point déjà là, dans mon cœur qui battait de plaisir avant que votre aimable fille m'eût remercié par un sourire. Ah ! Monsieur, que vous êtes grand ! et que vous rappetissez mon faible mérite, par la comparaison qu'il subit du vôtre. Tenez, vous le dirai-je avec la franchise d'un soldat ? c'est le plus beau jour de ma vie; et si à l'instant même Clara veut me faire mourir de plaisir, qu'elle dise devant son père : « Victor, je suis à vous. » Ces paroles ne se firent pas attendre. Victor ne put alors contenir sa joie, et il se passa entre les trois convives une scène muette dont le tableau serait difficile à dépeindre.

Jouissez de votre bonheur, personnes vertueuses, et toi surtout, Victor, enivre-toi de délire; tu méritais un pareil destin. Celui pour qui tu exposas gratuitement ta vie, veut embellir la tienne d'une félicité qui sait te flatter; accepte sans rougir une pareille récompense : elle est digne de toi. Bientôt Clara t'appartiendra pour toujours, et tu ne pourras que la rendre heureuse, puisque sans la connaître tu t'immolais déjà pour elle. Déjà de brillants lauriers décorent ton front vainqueur; dans peu de jours ta couronne sera belle, puisqu'un heureux hymen y ajoutera les roses de l'amour. Tu savoureras ton bonheur avec d'autant plus de délices, que personne ne sera jaloux de ton sort; au contraire, chacun y applaudira, e fera des vœux sincères pour ton éternelle félicité.

Tous trois étaient tellement émus, qu'il se passa, comme nous l'avons dit, un moment de silence tout à fait expressif. Il eut été impossible de savoir le cœur qui battait davantage. Enfin M. Bellanger prit la parole pour adresser aux futurs époux les paroles les plus tendres, et leur réitérer la promesse sacrée qu'il venait de leur faire. Le couple fortuné répondit à ses bontés par le sourire le plus reconnaissant, et lorsque le moment de la séparation fut arrivé, on fut encore long-temps à se répéter les mêmes paroles. Victor, au moment de s'éloigner, laissa briller dans ses yeux, surtout pour Clara, toute l'effusion de son bonheur, et quoique déjà loin sur la route, il se retourna plusieurs fois pour voir des objets si chers à son cœur.

De retour à son quartier, il garda le plus profond silence sur ce qui venait de se passer, comprenant que la plus grande discrétion était rigoureusement nécessaire dans cette circonstance. Il resta quelques jours à bercer son amour naissant des plus aimables rêves. Enfin il vit briller la douce aurore qu'il attendait.

M. Bellanger voulant hâter un hymen se désiré, prit avec Victor toutes les dispositions convenables, et tous deux avec Clara se présentèrent chez le gouverneur. A la vue d'un spectacle si attendrissant, ce dernier se sentit vivement ému, et pour leur prouver avec quel empressement il consentait à une semblable union : « Soyez heureux tous les trois, leur dit-il, vos cœurs généreux l'ont bien mérité. Je vois le doigt de Dieu dans ce qui se passe : jouissez en paix de son ouvrage. J'écrirai dès aujourd'hui au roi ; Sa Majesté aima toujours à faire des heureux, et je la vois d'avance souscrire à vos désirs ; car d'un côté elle récompensera le courage, et de l'autre la reconnaissance : peut-on couronner deux vertus d'un plus haut prix ? Quant à moi, jaloux d'une prérogative que le roi seul possède, je mettrai mon bonheur à lui parler de vous, et si mes souhaits peuvent paraître à vos yeux la preuve sincère de ma vive approbation, dès ce moment je les adresse au ciel avec toutes les forces de mon âme. Pour vous, lieutenant, vous figurerez désormais sur la petite liste de mes amis, si ce faible titre peut vous flatter. Je suis content de vous, de votre cœur, de votre courage; je suis fier de vous compter parmi les braves officiers que j'ai l'honneur de commander. Bénissez votre sort : le dieu des combats vous destinait non seulement à renverser les Arabes, mais à sauver encore les jours de nos compatriotes, de nos frères. » En achevant ces mots, il tendit ses bras vers Victor, et l'embrassa étroitement. « Dans quelques jours, ajouta-t-il, je vous appellerai vers moi pour vous instruire du jour définitif de votre bonheur. » Le gouverneur fit le premier un humble salut, qui lui fut rendu avec toutes les marques du respect le plus profond, et Victor, avec sa société, se retira l'âme pleine de la plus douce émotion.

Il est inutile de dire de quelle impatience il était transporté en attendant l'époque où il devait serrer des nœuds si charmants. Il bénissait chaque aurore comme celle qui devait lui annoncer son bonheur ; et ce moment si doux était toujours trop lent à arriver au gré de son amoureuse attente. Les jours, les heures, les instants, les minutes même, il les comptait avec agitation. Enfin le ciel couronna ses vœux : au moment où sa pensée active calculait les douceurs de son bel avenir, un cavalier, dépêché vers lui, remit entre ses mains un écrit dont la lecture le rendit le plus heureux des mortels ; c'était le consentement du roi, qui lui annonçait que désormais il n'avait plus rien à désirer, et qui mettait le cœur de Clara à la disposition du sien.

Victor, que cette nouvelle ne devait point étonner, crut pourtant rêver un moment, tant sa joie fut extrême. Bientôt, reprenant son calme habituel, il courut vers M. Bellanger, et lui apprit, ainsi qu'à Clara, que tout obstacle était enfin vaincu. Cet heureux père n'attendait que cette heureuse annonce pour remplir sa promesse. Ses membres en tressaillirent de joie, et c'est avec peine qu'il put trouve quelques mots pour exprimer ce qu'il ressentait. Ils étaient réunis depuis quelques instants lorsque le gouverneur les fit appeler vers lui, pour leur demander le jour qu'on pouvait fixer pour l'union projetée. Lorsqud'on fut tombé d'accord à ce sujet, on ne s'occupa plus que des derniers apprêts de cette belle fête.

Au jour marqué, Victor, accompagné de son frère et de son libérateur, qui depuis longtemps ne le quittait plus, s'achemina vers la demeure de M. Bellanger, pour y prendre sa douce et intéressante Clara. Un ordre supérieur et inattendu avait fait placer un piquet d'honneur sous les fenêtres de la future épouse. Victor le traversa avec dignité et sourire, et monta avec ivresse les degrés qui le séparaient de son objet chéri. Déjà la foule s'était portée sur ce lieu : soldats, bourgeois, femmes, enfants, vieillards, chacun s'était montré jaloux de contempler un aussi beau spectacle; la plus vive émotion brillait sur tous les visages. Le couple amoureux ne se fit pas longtemps attendre, et bientôt on vit paraître les personnes qui faisaient le sujet d'une attente générale

Victor, fier et modeste à la fois sous l'uniforme de lieutenant, fixa d'abord tous les regards, et intéressa fortement les cœurs par la comparaison qu'on faisait de ce beau jour avec la journée fatale où un moment de plus allait faire couler son noble sang sur le lieu du supplice. M. Bellanger, dont la tête blanchie et le visage grave imprimaient le respect à la multitude, marchait à ses côtés et lui parlait doucement avec le sourire sur les lèvres : il l'entretenait sans doute de leur mutuel bonheur. Clara parut, conduite par la main de Ferdinand ; aussitôt mille applaudissements se firent entendre, et ce subit et magnifique hommage imprima une céleste rougeur sur le front de cet ange : qu'elle était belle sous l'enveloppe des plus simples atours, et comme tout en elle respirait la candeur et l'innocence !

Sa robe, d'une blancheur éblouissante, effleurait presque la terre, et laissait à peine entrevoir la pointe de ses petits pieds. Un bouquet virginal ornait son sein ; un collier de perles fines, rehaussé dans le milieu par un diamant de haut prix, entourait son cou dont les veines bleues azuraient la peau blanche et délicate, et sa blonde chevelure descendant à flots dorés sur les épaules, était légèrement captivée par une couronne formée de fleurs emblématiques. Et que dire de son maintien et de son attitude ? c'était un habitant des cieux qui semblait s'être dérobé un instant à la voûte immortelle pour offrir aux regards humains le spectacle de ses magiques appas. La foule se taisait, et respirait à peine. D'où provenait donc cet empire produit sur elle? quel ascendant assez fort venait tout à coup de la subjuguer? C'est celui de la vertu.

Venez contempler ce spectacle, sexe mondain et frivole, qui croyez que toujours la foule vous admire parce qu'elle vous regarde. Venez un instant comparer votre futile et vain éclat avec la splendeur inimitable et simple de l'innocence : vous rougirez alors, s'il vous reste quelque pudeur, et vous comprendrez que c'est partout un regard de mépris qu'on vous jette, et non un coup d'œil caressant et admirateur pareil à celui qu'on adresse à Clara.

Les choses se passaient ainsi, lorsqu'on vit arriver de loin un certain nombre de personnes. L'œil put bientôt apercevoir le gouverneur, qui s'avançait lentement, suivi de son état-major. La foule, sans qu'on le lui commandât, se replia en deux haies bien distinctes, pour offrir un libre passage au nouveau cortège. Chacun, dans l'impatience de ce qui allait se passer, restait muet et presque immobile, et cherchait à lire dans les yeux du gouverneur le genre de mission qu'il se disposait à remplir. Ce dernier ne tint pas longtemps en haleine la curiosité générale. Il fit signe aux siens de s'arrêter, et tournant vers les deux époux des regards où brillait une douceur aimante et protectrice.

« Au nom du roi, dit-il d'une voix forte mais émue, je viens accomplir une tâche dont je suis fier d'être chargé moi-même : non seulement il consent à un mariage auquel semblent s'intéresser tous les cœurs ; mais il veut encore donner aux deux jeunes époux un gage particulier de son admiration, trouvant dans l'union qui se prépare une trop faible récompense. Cette récompense est capable de faire bondir tout noble cœur, et produira, j'en suis sûr, l'effet attendu sur celui à qui elle s'adresse. Lieutenant Victor, le roi vous nomme capitaine; recevez une épaulette de plus pour votre cadeau de noces, vous l'avez bien méritée, et avec une telle parure, vous vous semblerez plus digne de posséder l'objet charmant qui bientôt va vous appartenir. Sa Majesté, en fouillant pour vous dans le trésor de ses libéralités, n'a pas pu y trouver un salaire qu'il jugeât plus capable de vous flatter. »

Le gouverneur fit lecture lui-même de la nomination, et recevant une épaulette des mains d'un aide-de-camp, il descendit de cheval, et s'approchant de Clara, qui semblait comme accablée sous le poids de son bonheur : « Mademoiselle, lui dit-il, quand vous voyez tout le monde applaudir au bonheur de Victor, vous ferez sans doute aussi quelque chose pour lui prouver que vous savez honorer le courage. Voici ce que j'exige de vous, si mes efforts à plaire à vos désirs méritent quelque prix à vos yeux. » En achevant ces mots il lui tendit l'épaulette, et le cœur ingénieux de Clara, guidé peut-être par un coup d'œil du gouverneur, devina le reste. Elle se trouvait précisément à la droite de son amant; alors, tremblante de joie, ivre d'orgueil et d'amour, elle plaça sur l'épaule de Victor la noble récompense. Celui-ci, hors de lui-même, resta sans voix et comme inspiré du ciel; ne trouvant pas d'autre manière pour exprimer tout ce qu'il ressentait, il déposa sur la main de Clara un baiser dont elle sentit toute la chaleur, et qui, pour être déposé sur cette place, n'en fit pas moins battre son cœur. Et les larmes de Victor coulaient sans qu'il pût les maîtriser.

Le gouverneur, pour entretenir le charme qui captivait la multitude, voulut accomplir entièrement la mission dont il était chargé. Alors, d'une voix toujours solennelle : » Le roi, dit-il, ne fut jamais bon à moitié, et ne saurait faire des jaloux dans cette auguste et noble occasion ; approchez, Ferdinand. Pendant l'absence de votre frère, vous avez gardé son poste avec honneur, votre courage l'a sauvé ; recevez à votre tour cette épaulette : le roi, par ma bouche, vous nomme lieutenant. » Et soudain il reçut sa récompense, qui un instant après brillait sur son épaule. Le gouverneur ajouta : « Quant à vous, généreux défenseur de Victor, vous dont l'incomparable sollicitude n'a pris de repos que lorsque votre bon cœur a été certain du salut de celui que vous défendiez, permettez qu'on répare aujourd'hui un oubli involontaire. Vous avez souvent déployé votre courage pour la défense du pays : les Arabes s'en souviennent encore. Votre activité à les poursuivre a mérité la croix, recevez-là au nom du roi. » Le gouverneur en détacha une de sa poitrine, et la plaça sur celle du lieutenant : C'est, dit-il, ne l'oubliez pas, la récompense due à votre courage, quant au beau rôle que vous avez soutenu en faveur de Victor, vous en trouverez le salaire dans son bonheur et dans celui que vous éprouvez vous-même. Votre cœur désintéressé n'en demande pas d'autre. » Aussitôt le gouverneur donna un léger signal, et la musique la plus harmonieuse se fit entendre, La foule était en extase. On prit ensuite le chemin de l'état civil, où les deux époux s'empressèrent de cimenter leur union par un serment de fidélité. Ensuite, escortés d'un grand nombre d'officiers, les deux époux, qui à peine pouvaient contenir leur allégresse, se rendirent à l'église par un chemin que M. Bellanger avait eu le soin de faire semer de fleurs. La chapelle qui devait les recevoir était parée de ses plus beaux ornements de fête ; lorsqu'ils pénétrèrent dans le temple, une musique grave vint prêter un charme de plus à la cérémonie, et semblait apporter jusqu'aux cieux les souhaits de la multitude.

Victor et Clara s'agenouillèrent sur deux coussins de velours qu'on avait préparés, et reçurent la bénédiction nuptiale au milieu du silence le plus profond.

Il serait difficile de trouver sur la terre un spectacle plus attendrissant et plus noble à la fois. Figurez-vous une beauté ravissante à genoux devant le ministre des autels qui reste presque sans voix pour les bénir, tant lui-même se trouve attendri. Représentez-vous ensuite, à côté de la jeune fille, Victor sous l'uniforme de capitaine, remerciant de son bonheur le vrai Dieu des batailles, et courbant devant le Christ sa tête qui fit tant de fois courber celle des ennemis. Sa vaillance donnait à Clara une couronne de lauriers, et la jeune fille à son tour lui en offrait une de roses, en lui donnant tout son cœur et tout son amour. Contemplez ensuite autour des époux, un brillant état-major qui déposant la majesté des grades, admire, l'œil attentif, une union si belle, la tête inclinée devant un autel où tout en ce moment respire la divinité, et pour compléter le tableau, regardez enfin le prêtre qui domine tout, et qui, placé sur le premier degré de l'autel, semble être un lien de communication entre les cieux et la terre.

'Oh ! non, nous le répétons, il n'est rien ici-bas qui puisse présenter un aspect plus attendrissant.

Quand le prêtre eut achevé les prières d'usage, il bénit les deux époux pour la dernière fois, reçut à son tour leur serment de fidélité, et sa vive prière se mêlant à l'encens qui brûlait, alla porter au ciel ses humbles souhaits et ceux de la foule assemblée autour de lui.

Par bonheur, la cérémonie était terminée. Clara, que tant de fortes impresions dominaient, venait d'éprouver un mal assez visible. Lorsqu'elle fut sortie du temple, l'air lui rendit son coloris, et ses yeux reprirent leur vif éclat. De là le cortége s'achemina lentement vers une magnifique salle de festin préparée à grands frais pour le recevoir. On y dressa une salle splendide, et la joie unanime qui brillait sur le front des convives fut un des plus beaux ornements.

Après une journée de délices pour les deux époux, et d'allégresse pour tous les convives, un superbe bal s'ouvrit pour chan-

ger la scène. Les décors les plus brillants
éblouissaient les yeux, et donnaient à cette
fête les charmes les plus attrayants. Enfin
le bal cessa à quatre heures du matin. Les
danseurs eurent égard à la vive impatience
des époux, qui sans doute ne demandaient
pas mieux que de se retirer. Dans peu d'instants ils furent seuls dans une chambre préparée par les amours : et là ils purent jouir
en liberté des douceurs réelles que leur promettait une union formeé sous d'aussi favorables auspices.

Lecteur, tirons les rideaux, et laissons se
reposer ce couple fortuné. Qu'ils jouissent
en paix du bonheur qu'ils ont mérité, et s'abreuvent en paix des voluptés que procure
un chaste et vertueux amour.

M. Bellanger donna aux deux époux une
grande partie de sa fortune, et mit toute sa
félicité à faire celle des deux objets qui devaient faire le charme de ses vieux ans.

L'heureux Victor, ivre de bonheur et de
joie, quitta le métier des armes pour se livrer
tout entier aux douceurs de l'amour : mais

en quittant le régiment où il avait gagné la croix d'honneur et l'épaulette, il fit serment de rejoindre son drapeau aussitôt qu'il verrait l'orgueil de la France insulté.

D'après les nouvelles du jour, ce brave officier ne tardera pas à immoler l'amour à la gloire, car les Marocains nous ont adressé une imprudente provocation. Si ce bruit est certain, si la guerre nous est réellement déclarée, si enfin le courage de Victor voit au loin quelques lauriers à cueillir, nous le reverrons sans doute offrir son épée à la patrie et nous fournir de nouveau l'occasion de parler de sa bravoure. Il en a fait le serment, et les hommes de cœur ne trahissent jamais leur parole.

Imp. de Pommeret et Moreau, quai des Augustins, 17.

Imp. e Pommeret et Moreau, quai des Augustins, 17.